Prvi koraki v svet sladic

Vaš vodnik do peke tort za začetnike

Petra Novak

ÖSSZEFOGLALÁS

Farm torta 10
Amerikai mézeskalács citrommártással 11
Kávés mézeskalács 13
Gyömbéres krémes torta 14
Liverpool torta 15
Zabpehely mézeskalács 16
Mézeskalács York 18
Teljes kiőrlésű mézeskalács 19
Mézes és mandulás torta 20
Citromos torta 21
Jeges tea gyűrű 22
Köménymagos torta 24
Glen torta 25
Lincolnshire réteges torta 26
Párizsi torta 27
Lekváros torta 28
Mákos torta 30
Sima joghurtos torta 31
Szilvatorta és Krém 32
Málnás hullámtorta csokoládé cukormázzal 34
Sam torta 35
köményes torta 36
Fűszeres torta 37
Fűszeres réteg torta 38

Cukor-fahéjas sütemény ... 39

Viktoriánus tea sütemény ... 40

Gyümölcsös pite ... 41

Minden az egyben gyümölcstorta ... 42

Ausztrál gyümölcstorta ... 43

Gazdag amerikai pite ... 44

Szentjánoskenyér torta ... 46

Kávé sütemény és gyümölcs ... 47

Cornish pite ... 49

Ribizli torta ... 50

Fondant gyümölcstorta ... 51

Cake Vágás és gyere újra ... 53

Dundee torta ... 54

Gyümölcstorta tojás nélkül ... 55

Jenna torta ... 56

Gyömbéres gyümölcstorta ... 58

Farmhouse Honey Gyümölcstorta ... 59

Genovai torta ... 61

Glacé gyümölcstorta ... 63

Guinness gyümölcstorta ... 64

Zabpehely és barackos sütemény ... 65

Sovány gyümölcstorta ... 66

Mazsola és fűszer torta ... 67

Richmond torta ... 68

Sáfrányos gyümölcstorta ... 69

Gyors gyümölcstorta ... 71

Forró tea gyümölcstorta ... 72

Hideg gyümölcstea torta 73

Gyümölcstorta cukor nélkül 74

Kis gyümölcsös sütemények 76

Virginia whisky torta 77

Walesi gyümölcstorta 78

Fehér gyümölcstorta 79

almás pite 80

Ropogós fűszerezett almás pite 81

Amerikai almás pite 82

Almapüré pite 83

Almabor Almás pite 84

Fahéjas és almás sütemény 85

Spanyol almás pite 86

Almás pite és szultánák 88

Arany almás pite 89

Sárgabarack pite 91

Sárgabarack és gyömbéres torta 92

Brilla barackos torta 93

Banán torta 94

Ropogós banántorta 95

Banán szivacs 96

Magas rosttartalmú banántorta 97

Citromos banán torta 98

Csokoládé torta banán turmixgéppel 99

Banános mogyorós pite 100

Banán mazsola pite 101

Banán és whisky torta 102

Áfonyás pite 103

Cseresznye torta 104

Cseresznye és kókusz torta 105

Cseresznye és szultán torta.. 106

Cseresznye és dió torta 107

Damson torta 108

Datolya és diótorta... 109

Citromos torta 110

Narancsos és mandulás torta... 111

Angyal torta... 112

Szeder torta... 113

Vajas torta 114

Minden az egyben kávés piskóta 115

Cseh piskóta 116

Egyszerű mézes sütemény 117

Citromos szivacs egyben 118

Citromos torta 119

Citromos torta 120

Citromos és vaníliás torta 121

Madeira torta 122

Margherita torta 123

Forró tejes torta 124

Tejes piskóta 125

Minden az egyben moka szivacs... 126

Moscato torta 127

Minden az egyben narancssárga szivacs.. 128

Egyszerű sütemény 129

Spanyol piskóta 130

Viktória torta 131

Felvert piskóta 132

Szélmalom piskóta 133

Svájci tekercs 135

Apple Swiss Roll 136

Gesztenyés tekercs pálinkával 138

Csokoládé svájci tekercs 140

Citromos tekercs 142

Tekerjük citrommal és mézzel 144

Lime lekváros tekercs 146

Citromos és epres tekercs 148

Narancs és mandula svájci tekercs 151

Epres svájci tekercs 154

Csokoládétorta 156

Csokis banán torta 157

Csokoládé és mandulás pite 158

Csokoládé és mandula mázas torta 159

Csokoládé angyal torta 161

Amerikai csokoládé torta 163

Csokis almás pite 165

Csokoládé Brownie torta 167

Csokoládé és író torta 169

Csokoládé Torta és Mandula 170

Csokoládé krémes pite 171

Csokoládé Torta Datolyával 172

Egyszerű csokitorta 174

Torta mályvacukros cukormázzal 175

Cake Delight 177

Cherie csokitorta 179

Mogyoró és Csokoládé Torta 180

étcsokoládé torta 182

Csokoládé Gateau 184

Olasz csokoládé torta 186

Jeges csokoládé mogyorótorta 188

Olasz torta csokoládéval és pálinkás krémmel 191

Réteges csokoládé torta 192

Becky torta 194

Mokka pite 195

Charlie torta 196

Ropogós sütemény 197

Csokis diótorta 199

Gazdag csokoládé torta 200

Csokoládé torta, dió és cseresznye 202

Rumos csokitorta 204

Csokoládé édes 205

Szentjánoskenyér-diótorta 207

Szentjánoskenyér karácsonyi tekercs 209

Köménymag torta 211

Mandulás rizs torta 212

Írország torta 213

Battenburg torta 215

Farm torta

Egy 18cm/7

225 g/8 uncia/11/3 csésze vegyes dió (gyümölcstorta keverék)

75 g/3 uncia/1/3 csésze marhahúscsepegés (rövidítve)

150 g/5 uncia/2/3 csésze puha barna cukor

250 ml/8 fl oz/1 csésze víz

225 g/8 uncia/2 csésze teljes kiőrlésű búzaliszt (teljes kiőrlésű)

5 ml/1 teáskanál sütőpor

2,5 ml/½ teáskanál szódabikarbóna (szódabikarbóna)

5 ml/1 teáskanál őrölt fahéj

Egy csipet reszelt szerecsendió

Egy csipet őrölt szegfűszeg

Forraljuk fel a gyümölcsöt, a csepegtetőt, a cukrot és a vizet egy vastag aljú serpenyőben, és pároljuk 10 percig. Hagyjuk kihűlni. A többi hozzávalót egy tálban összekeverjük, majd beleöntjük az olvasztott keveréket és óvatosan összekeverjük. Kivajazott és lisztezett 18 cm-es tortaformába (formaformába) öntjük, és előmelegített sütőben, 180 °C-on, 4-es gázjelzéssel másfél órán át sütjük, amíg jól megkel, és a tepsi oldalairól lefelé húzzuk.

Amerikai mézeskalács citrommártással

20 cm-es tortát készít

225 g/8 uncia/1 csésze porcukor (szuperfinom)

50 g/2 oz/¼ csésze vaj vagy margarin, olvasztott

30 ml/2 evőkanál fekete melasz (melasz)

2 tojásfehérje, enyhén felverve

225 g/8 uncia/2 csésze sima liszt (minden célra)

5 ml/1 teáskanál szódabikarbóna (nátrium-hidrogén-karbonát)

5 ml/1 teáskanál őrölt fahéj

2,5 ml/½ teáskanál őrölt szegfűszeg

1,5 ml/¼ teáskanál őrölt gyömbér

Egy csipet só

250 ml/8 fl oz/1 csésze író

A szószhoz:

100 g/4 oz/½ csésze porcukor (szuperfinom)

30 ml/2 evőkanál kukoricakeményítő (kukoricakeményítő)

Egy csipet só

Egy csipet reszelt szerecsendió

250 ml/8 fl oz/1 csésze forrásban lévő víz

15 g/1 evőkanál vaj vagy margarin

30 ml/2 evőkanál citromlé

2,5 ml/½ teáskanál finomra reszelt citromhéj

Keverjük össze a cukrot, a vajat vagy a margarint és a melaszt. Belekeverjük a tojásfehérjét. Keverjük össze a lisztet, a szódabikarbónát, a fűszereket és a sót. A lisztes keveréket és az írót felváltva keverjük a vaj-cukor keverékhez, amíg jól el nem keveredik. Tegyünk egy kanálnyit kivajazott és lisztezett 20 cm-es tortaformába, és 200°C-ra előmelegített sütőben süssük 35 percig, amíg a közepébe szúrt fogpiszkáló tisztán ki nem jön. Hagyja hűlni a serpenyőben 5 percig, mielőtt kibontja rácsra a teljes kihűlés érdekében. A süteményt hidegen vagy melegen is tálalhatjuk.

A szósz elkészítéséhez keverje össze a cukrot, a kukoricakeményítőt, a sót, a szerecsendiót és a vizet egy kis serpenyőben alacsony lángon, és keverje jól elkeveredni. Pároljuk, kevergetve, amíg a keverék sűrű és tiszta nem lesz. Hozzákeverjük a vajat vagy a margarint és a citrom levét és héját, és addig főzzük, amíg össze nem áll. Tálaláskor mézeskalácsra öntjük.

Kávés mézeskalács

20 cm-es tortát készít

200 g/7 uncia/1¾ csésze magától kelő liszt (magától kelő)

10 ml/2 tk őrölt gyömbér

10 ml/2 teáskanál instant kávébab

100 ml/4 fl uncia/½ csésze meleg víz

100 g/4 oz/½ csésze vaj vagy margarin

75 g/3 uncia/¼ csésze aranyszirup (világos kukorica)

50 g/2 uncia/¼ csésze puha barna cukor

2 tojás, felvert

Keverjük össze a lisztet és a gyömbért. Oldja fel a kávét forró vízben. A margarint, a szirupot és a cukrot felolvasztjuk, majd a száraz hozzávalókat összedolgozzuk. Keverjük össze a kávét és a tojást. Kiolajozott és kibélelt 20 cm-es tortaformába öntjük, és előmelegített sütőben 180°C-on 40-45 percig sütjük, amíg jól megkel és rugalmas tapintású lesz.

Gyömbéres krémes torta

20 cm-es tortát készít

175 g/6 oz/¾ csésze vaj vagy margarin, lágyítva

150 g/5 uncia/2/3 csésze puha barna cukor

3 tojás, enyhén felverve

175 g/6 uncia/1½ csésze magától kelő liszt (magától kelő)

15 ml/1 evőkanál őrölt gyömbér A töltelékhez:

150 ml/¼ pt/2/3 csésze dupla tejszín (nehéz)

15 ml/1 evőkanál porcukor (cukrászoknak), átszitálva

5 ml/1 teáskanál gyömbérpor

A vajat vagy a margarint és a cukrot habosra és könnyű habbá verjük. Apránként hozzáadjuk a tojást, majd a lisztet és a gyömbért, és jól összedolgozzuk. Két kivajazott és kibélelt 20 cm-es tortaformába (formába) öntjük, és 180°C-ra előmelegített sütőben 25 percig sütjük, amíg jól megkel és rugalmas tapintású lesz. Hagyjuk kihűlni.

A tejszínt a cukorral és a gyömbérrel kemény habbá verjük, majd a torták összetekeréséhez használjuk.

Liverpool torta

20 cm-es tortát készít

100 g/4 oz/½ csésze vaj vagy margarin

100 g/4 oz/½ csésze demerara cukor

30 ml/2 evőkanál aranyszirup (világos kukorica)

225 g/8 uncia/2 csésze sima liszt (minden célra)

2,5 ml/½ teáskanál szódabikarbóna (szódabikarbóna)

10 ml/2 tk őrölt gyömbér

2 tojás, felvert

225 g/8 uncia/11/3 csésze szultána (arany mazsola)

50 g/2 oz/½ csésze kristályos gyömbér (kandírozott), darált

A vajat vagy a margarint a cukorral és a sziruppal lassú tűzön felolvasztjuk. Vegyük le a tűzről, és keverjük hozzá a száraz hozzávalókat és a tojást, és jól keverjük össze. Keverjük össze a szultánokat és a gyömbért. Tegyünk egy kanalat egy 20 cm-es négyzet alakú tortaformába egy kivajazott és lisztezett tepsibe, és süssük előmelegített sütőben 150°C/300°F/gázjelzés 3-as hőmérsékleten 1 1/2 órán keresztül, amíg rugalmas tapintású lesz. A torta a közepén kissé megsüllyedhet. A formában hagyjuk kihűlni.

Zabpehely mézeskalács

35 x 23 cm-es/14 x 9 hüvelykes tortához

225 g/8 uncia/2 csésze teljes kiőrlésű búzaliszt (teljes kiőrlésű)

75 g/3 uncia/¾ csésze hengerelt zab

5 ml/1 teáskanál szódabikarbóna (nátrium-hidrogén-karbonát)

5 ml/1 teáskanál tartárkrém

15 ml/1 evőkanál gyömbérpor

225 g/8 uncia/1 csésze vaj vagy margarin

225 g/8 uncia/1 csésze puha barna cukor

Egy tálban összekeverjük a lisztet, a zabot, a szódabikarbónát, a tartárkrémet és a gyömbért. Dörzsölje bele a vajat vagy a margarint, amíg a keverék zsemlemorzsára nem hasonlít. Belekeverjük a cukrot. A masszát jól belenyomkodjuk egy kivajazott, 35 x 23 cm-es/14 x 9 cm-es tortaformába, és előmelegített sütőben 160°C-on 30 perc alatt aranybarnára sütjük. Még forrón négyzetekre vágjuk, és a formában hagyjuk teljesen kihűlni.

Narancssárga mézeskalács

23 cm/9-t tesz ki

450 g/1 font/4 csésze sima liszt (univerzális)

5 ml/1 teáskanál őrölt fahéj

2,5 ml/½ teáskanál őrölt gyömbér

2,5 ml/½ teáskanál szódabikarbóna (szódabikarbóna)

175 g/6 uncia/2/3 csésze vaj vagy margarin

175 g/6 uncia/2/3 csésze porcukor (szuperfinom)

75 g glacé (kandírozott) narancshéj, apróra vágva

½ nagy narancs reszelt héja és leve

175 g/6 uncia/½ csésze aranyszirup (világos kukorica, melegítve)

2 tojás, enyhén felverve

Egy kis tej

Keverjük össze a lisztet, a fűszereket és a szódabikarbónát, majd dörzsöljük bele a vajat vagy a margarint, amíg zsemlemorzsára nem hasonlít. Hozzákeverjük a cukrot, a narancshéjat és a héjat, majd mélyedést készítünk a közepébe. Keverjük össze a narancslevet és a meleg szirupot, majd forgassuk hozzá a tojásokat, amíg lágy, folyós állagot nem kapunk, ha szükséges, adjunk hozzá egy kis tejet. Jól felverjük, majd kivajazott 9cm/23cm-es négyzet alakú tortaformába öntjük, és előmelegített sütőben 160°C/325°F/gázjelzés 3-on 1 órán át sütjük, amíg jól megkel és rugalmas tapintású lesz.

Mézeskalács York

Egy 25 cm-es pitét készít

275 g/10 uncia/2½ csésze liszt (univerzális)

10 ml/2 teáskanál őrölt fahéj

5 ml/1 teáskanál szódabikarbóna (nátrium-hidrogén-karbonát)

100 g/4 oz/½ csésze vaj vagy margarin

175 g/6 uncia/½ csésze aranyszirup (világos kukorica)

175 g/6 oz/½ csésze fekete melasz (melasz)

100 g/4 uncia/½ csésze puha barna cukor

2 tojás, felvert

150 ml/¼ pt/2/3 csésze meleg víz

Keverjük össze a lisztet, a fahéjat és a szódabikarbónát. A vajat vagy a margarint a sziruppal, a melaszszal és a cukorral felolvasztjuk, majd a száraz hozzávalókhoz öntjük. Adjuk hozzá a tojást és a vizet, és jól keverjük össze. Kivajazott és kibélelt 25 cm/10 négyzet alakú tortaformába (forma) öntjük. 180°C-ra előmelegített sütőben 40-45 percig sütjük, amíg jól megkel és rugalmas tapintású lesz.

Teljes kiőrlésű mézeskalács

Egy 18cm/7

100 g/4 uncia/1 csésze liszt (minden célra)

100 g/4 uncia/1 csésze teljes kiőrlésű búzaliszt (teljes kiőrlésű)

50 g/2 uncia/¼ csésze puha barna cukor

50 g/2 uncia/1/3 csésze szultána (arany mazsola)

10 ml/2 tk őrölt gyömbér

5 ml/1 teáskanál őrölt fahéj

5 ml/1 teáskanál szódabikarbóna (nátrium-hidrogén-karbonát)

Egy csipet só

100 g/4 oz/½ csésze vaj vagy margarin

30 ml/2 evőkanál aranyszirup (világos kukorica)

30 ml/2 evőkanál fekete melasz (melasz)

1 tojás, enyhén felverve

150 ml/¼ pt/2/3 csésze tej

Keverjük össze a száraz hozzávalókat. A vajat vagy a margarint a sziruppal és a melasszal felolvasztjuk, majd a tojással és a tejjel a száraz hozzávalókhoz keverjük. Kivajazott és lisztezett 18 cm-es tortaformába (formába) öntjük, és előmelegített sütőben, 160 °C-on, 3-as gázjelzéssel 1 órán át sütjük, amíg tapintásra rugalmas nem lesz.

Mézes és mandulás torta

20 cm-es tortát készít

250 g/9 uncia sárgarépa, lereszelve

65 g mandula apróra vágva

2 tojás

100 g/4 uncia/1/3 csésze tiszta méz

60 ml/4 evőkanál olaj

150 ml/¼ pt/2/3 csésze tej

100 g/4 uncia/1 csésze teljes kiőrlésű búzaliszt (teljes kiőrlésű)

25 g/1 uncia/¼ csésze liszt (univerzális))

10 ml/2 teáskanál őrölt fahéj

2,5 ml/½ teáskanál szódabikarbóna (szódabikarbóna)

Egy csipet só

Citromos máz

Néhány pehely mandula (pehelyben) a díszítéshez

Keverjük hozzá a sárgarépát és a diót. Egy külön tálban verjük fel a tojásokat, majd keverjük össze a mézet, az olajat és a tejet. Keverjük hozzá a sárgarépát és a diót, majd keverjük hozzá a száraz hozzávalókat. Kivajazott és lisztezett 20 cm-es tortaformába (formaformába) öntjük, és előmelegített sütőben 150°C/300°F/gázjelzés 2-re 1-1 órán át sütjük, amíg jól megkel és rugalmas tapintású lesz. A formázás előtt hagyjuk kihűlni a formában. Megszórjuk citrommázzal, majd mandulapelyhekkel díszítjük.

Citromos torta

Egy 18cm/7

100 g/4 oz/½ csésze vaj vagy margarin, lágyítva

100 g/4 oz/½ csésze porcukor (szuperfinom)

2 tojás

100 g/4 uncia/1 csésze liszt (minden célra)

50 g/2 uncia/½ csésze őrölt rizs

2,5 ml/½ teáskanál sütőpor

1 citrom reszelt héja és leve

100 g/4 oz/2/3 csésze porcukor (cukrászsütemények), átszitálva

A vajat vagy a margarint és a cukrot habosra és könnyű habbá verjük. Egyenként beledolgozzuk a tojásokat, minden hozzáadás után jól felverjük. A lisztet, az őrölt rizst, a sütőport és a citromhéjat összekeverjük, majd a masszához adjuk. Kivajazott és lisztezett 18 cm-es tortaformába (sütőformába) öntjük, és előmelegített sütőben 180 °C-on, 4-es gázjelzéssel 1 órán át, rugalmas tapintásig sütjük. Kivesszük a formából és hagyjuk kihűlni.

A porcukrot kevés citromlével addig keverjük, amíg homogén keveréket nem kapunk. Ráöntjük a tortára és hagyjuk dermedni.

Jeges tea gyűrű

4-6

150 ml/¼ pt/2/3 csésze meleg tej

2,5 ml/½ teáskanál száraz élesztő

25 g/1 uncia/2 evőkanál kristálycukor (szuperfinom)

25 g/1 uncia/2 evőkanál vaj vagy margarin

225 g/8 uncia/2 csésze erős (kenyér)liszt

1 felvert tojás A töltelékhez:

50 g/2 oz/¼ csésze vaj vagy margarin, lágyítva

50 g/2 uncia/¼ csésze őrölt mandula

50 g/2 uncia/¼ csésze puha barna cukor

A töltelékhez:
100 g/4 oz/2/3 csésze porcukor (cukrászsütemények), átszitálva

15 ml/1 evőkanál meleg víz

30 ml/2 evőkanál pehely mandula

A tejet felöntjük az élesztővel és a cukorral, és elkeverjük. Meleg helyen hagyjuk habosra. Dörzsölje bele a vajat vagy a margarint a lisztbe. Hozzákeverjük az élesztős keveréket és a tojást, és jól felverjük. Fedjük le a tálat zsírozott fóliával (műanyag fóliával), és hagyjuk meleg helyen 1 órán át. Gyúrjuk át újra, majd formáljunk egy körülbelül 30 x 23 cm-es téglalapot. A töltelékhez vajjal vagy margarinnal megkenjük a tésztát, és megszórjuk őrölt mandulával és cukorral. Hosszú kolbászba tekerjük, és karikát formázunk, a széleit kevés vízzel lezárjuk. Vágja le a tekercs kétharmadát körülbelül 3 cm/1½-es időközönként, és helyezze egy kivajazott (keksz) tepsire. Hagyja 20 percig meleg helyen. Előmelegített sütőben 200°C/425°F/gáz 7 15 percig sütjük. Csökkentse a sütő hőmérsékletét 180°C/350°F/gáz 4-re további 15 percre.

Közben a porcukrot és a vizet habosra keverjük, hogy glazúrót kapjunk. Ha kihűlt, megkenjük a tortán, és mandulareszelékkel díszítjük.

Köménymagos torta

23x18cm/9x7 tortát készít

450 g/1 font fehér alaptészta cipónként

175 g/6 uncia/¾ csésze sertészsír (zsír), darabokra vágva

175 g/6 uncia/¾ csésze porcukor (szuperfinom)

15 ml/1 evőkanál köménymag

Készítsük elő a tésztát, majd nyújtsuk ki enyhén lisztezett felületen körülbelül 35 x 23 cm-es téglalappá. A tészta felső kétharmadát szórjuk meg a zsír felével és a cukor felével, majd hajtsuk vissza a tésztát a tészta harmadába, és hajtsuk rá a felső harmadát. A tésztát negyed fordulattal fordítsuk meg úgy, hogy a ránc a bal oldalunkon legyen, majd ismét kinyújtjuk, és ugyanúgy megszórjuk a maradék zsírral és cukorral, valamint a köménymaggal. Ismét hajtsd össze, majd formázd úgy, hogy beleférjen egy tepsibe (sütőformába), és a tetejét gyémánt alakúra vágd. Zsírozott fóliával (műanyag fóliával) letakarjuk, és meleg helyen körülbelül 30 percig kelesztjük, amíg a duplájára nő.

Előmelegített sütőben 200°C/400°F/6-os gázjelzéssel 1 órán át sütjük. 15 percig hagyjuk hűlni a serpenyőben, hogy a zsír beszívódjon a tésztába, majd rácsra fordítjuk, hogy teljesen kihűljön.

Glen torta

20 cm-es tortát készít

175 g/6 oz/¾ csésze vaj vagy margarin, lágyítva

175 g/6 uncia/¾ csésze porcukor (szuperfinom)

3 tojás, enyhén felverve

225 g/8 uncia/2 csésze magától kelő liszt (magától kelő)

Néhány csepp mandula esszencia (kivonat)

Néhány csepp zöld ételfesték

Néhány csepp piros ételfesték

A vajat vagy a margarint és a cukrot habosra és könnyű habbá verjük. Fokozatosan beleütjük a tojásokat, majd beleforgatjuk a lisztet. Osszuk három részre a keveréket. Egyharmadához adjuk hozzá a mandulaesszenciát, egyharmadához a zöld ételfestéket, a maradék harmadhoz a piros ételfestéket. Egy kivajazott és kibélelt 20 cm-es tortaformába bőségesen kanalazzuk felváltva a három keveréket, és előmelegített sütőben, 180°C/350°F/gázjelzés 4-es hőmérsékleten süssük 45 percig, amíg jól megkel és rugalmas tapintású lesz.

Lincolnshire réteges torta

20 cm-es tortát készít

175 g/6 uncia/¾ csésze vaj vagy margarin

350 g sima liszt (minden célra)

Egy csipet só

150 ml/¼ pt/2/3 csésze tej

15 ml/1 evőkanál száraz élesztő A töltelékhez:

225 g/8 uncia/11/3 csésze szultána (arany mazsola)

225 g/8 uncia/1 csésze puha barna cukor

25 g/1 uncia/2 evőkanál vaj vagy margarin

2,5 ml/½ teáskanál őrölt szegfűbors

1 tojás, szétválasztva

A vaj vagy margarin felét eldörzsöljük a liszttel és sózzuk, amíg zsemlemorzsa nem lesz. A maradék vajat vagy margarint a tejjel forróra melegítjük, majd kicsit keverjük össze, hogy élesztős masszát kapjunk. A lisztes keverékhez keverjük az élesztős keveréket és a maradék tejet és vajat, és lágy tésztává gyúrjuk. Olajozott tálba tesszük, letakarjuk és meleg helyen kb 1 órát kelesztjük, amíg a duplájára nem nő. Közben a töltelék hozzávalóit a tojásfehérje kivételével egy serpenyőbe, lassú tűzön tegyük, és hagyjuk felolvadni.

A tészta negyedét 20/8 cm-es kör alakúra nyújtjuk, és megkenjük a töltelék harmadával. Ismételje meg a többi tésztamennyiséggel és töltelékkel, tésztakarikával díszítve. A széleit megkenjük tojásfehérjével és összenyomjuk. Előmelegített sütőben 190°C/375°F/gázjelzés 5 20 percig sütjük. Kenjük meg a felületét tojásfehérjével, majd tegyük vissza a sütőbe további 30 percre, amíg aranybarna nem lesz.

Párizsi torta

900 g/2 font süteményhez

175 g/6 oz/¾ csésze vaj vagy margarin, lágyítva

275 g/10 uncia/1¼ csésze porcukor (szuperfinom)

½ citrom reszelt héja és leve

120 ml/4 fl oz/½ csésze tej

275 g/10 uncia/2¼ csésze magától kelő liszt (magától kelő)

5 ml/1 teáskanál só

5 ml/1 teáskanál sütőpor

3 tojás

Porcukor (tésztához) átszitáljuk a porozáshoz

A vajat vagy a margarint, a cukrot és a citromhéjat habosra verjük. Hozzákeverjük a citromlevet és a tejet, majd hozzáadjuk a lisztet, a sót és a sütőport, és simára keverjük. Fokozatosan hozzákeverjük a tojásokat, minden hozzáadás után jól felverjük. Öntse a keveréket egy kivajazott és bélelt 900 g-os cipóformába, és előmelegített sütőben süsse 150°F/300°F/gáz jelzés 2-re 1¼ órán keresztül, amíg rugalmas tapintású nem lesz. Hagyja hűlni a serpenyőben 10 percig, mielőtt kibontja a formából, hogy egy rácson teljesen lehűljön. Porcukorral megszórva tálaljuk.

Lekváros torta

Egy 18cm/7

175 g/6 oz/¾ csésze vaj vagy margarin, lágyítva

175 g/6 uncia/¾ csésze porcukor (szuperfinom)

3 tojás, szétválasztva

300 g/10 uncia/2½ csésze magától kelő liszt (magától kelő)

45 ml/3 evőkanál sűrű lekvár

50 g/2 oz/1/3 csésze apróra vágott vegyes (kandírozott) héj

1 narancs reszelt héja

45 ml/3 evőkanál víz

A mázhoz (mázhoz):

100 g/4 oz/2/3 csésze porcukor (cukrászsütemények), átszitálva

1 narancs leve

Néhány szelet kandírozott (kandírozott) narancs

A vajat vagy a margarint és a cukrot habosra és könnyű habbá verjük. Fokozatosan keverje hozzá a tojássárgáját, majd 15 ml/1 evőkanál lisztet. Hozzákeverjük a lekvárt, a kikevert héjat, a narancshéjat és a vizet, majd beleforgatjuk a maradék lisztet. A tojásfehérjét kemény habbá verjük, majd fémkanál segítségével a masszához keverjük. Kivajazott és lisztezett 18 cm-es tortaformába (formaformába) öntjük, és előmelegített sütőben 180 °C-on 1¼ órán keresztül süssük, amíg jól megkel és rugalmas tapintású lesz. Hagyja hűlni a serpenyőben 5 percig, majd fordítsa rácsra a teljes kihűléshez.

A mázhoz tegyük egy tálba a porcukrot, és készítsünk a közepébe egy lyukat. Fokozatosan dolgozzuk fel annyi narancslével, hogy kenhető állagot kapjunk. Ráöntjük a tortára és az oldalára, és hagyjuk dermedni. Kikristályosodott narancsszeletekkel díszítjük.

Mákos torta

20 cm-es tortát készít

250 ml/8 fl oz/1 csésze tej

100 g/4 oz/1 csésze mák

225 g/8 oz/1 csésze vaj vagy margarin, lágyítva

225 g/8 uncia/1 csésze puha barna cukor

3 tojás, szétválasztva

100 g/4 uncia/1 csésze liszt (minden célra)

100 g/4 uncia/1 csésze teljes kiőrlésű búzaliszt (teljes kiőrlésű)

5 ml/1 teáskanál sütőpor

A tejet egy lábosban felforraljuk a mákkal, majd levesszük a tűzről, letakarva 30 percig állni hagyjuk. A vajat vagy a margarint és a cukrot habosra és könnyű habbá verjük. Fokozatosan hozzákeverjük a tojássárgáját, majd a liszteket és a sütőport. Hozzákeverjük a mákot és a tejet. A tojásfehérjét kemény habbá verjük, majd fémkanál segítségével a masszához keverjük. Kivajazott és kibélelt 20 cm-es tortaformába öntjük, és előmelegített sütőben 180°C-on, 4-es gázjellel süssük 1 órán keresztül, amíg a közepébe szúrt fogpiszkáló tisztán ki nem jön. Hagyja hűlni a serpenyőben 10 percig, mielőtt kibontja a formából, hogy egy rácson teljesen lehűljön.

Sima joghurtos torta

23 cm/9-t tesz ki

150 g/5 uncia sima fehér joghurt

150 ml/¼ pt/2/3 csésze olaj

225 g/8 uncia/1 csésze porcukor (szuperfinom)

225 g/8 uncia/2 csésze magától kelő liszt (magától kelő)

10 ml/2 teáskanál sütőpor

2 tojás, felvert

Az összes hozzávalót simára keverjük, majd kivajazott és lisztezett 23 cm/9-es tortaformába öntjük. Előmelegített sütőben 160°C/325°F/gázjel 3 1¼ órán át, amíg ruganyos tapintású lesz. A formában hagyjuk kihűlni.

Szilvatorta és Krém

23 cm/9-t tesz ki

A töltelékhez:

150 g/5 uncia/2/3 csésze kimagozott aszalt szilva (magozott), durvára vágva

120 ml/4 fl oz/½ csésze narancslé

50 g/2 uncia/¼ csésze porcukor (szuperfinom)

30 ml/2 evőkanál kukoricakeményítő (kukoricakeményítő)

175 ml/6 fl uncia/¾ csésze tej

2 tojássárgája

1 narancs finomra reszelt héja

A tortához:

175 g/6 oz/¾ csésze vaj vagy margarin, lágyítva

225 g/8 uncia/1 csésze porcukor (szuperfinom)

3 tojás, enyhén felverve

200 g/7 uncia/1¾ csésze sima liszt (univerzális)

10 ml/2 teáskanál sütőpor

2,5 ml/½ teáskanál reszelt szerecsendió

75 ml/5 evőkanál narancslé

Először elkészítjük a tölteléket. Áztassuk az aszalt szilvát a narancslében legalább két órára.
A cukrot és a kukoricakeményítőt kevés tejjel pépesre keverjük. A maradék tejet egy serpenyőben felforraljuk. Öntsük rá a cukrot és a kukoricakeményítőt, és jól keverjük össze, majd tegyük vissza a kiöblített tepsibe, és verjük bele a tojássárgáját. Hozzáadjuk a narancshéjat, és nagyon lassú tűzön addig keverjük, amíg besűrűsödik, de a tejszínt ne forraljuk fel. Helyezze a serpenyőt

egy tál hideg vízbe, és időnként keverje meg a pudingot, amíg kihűl.

A tortához a vajat vagy a margarint és a cukrot habosra keverjük. Fokozatosan felverjük a tojásokat, majd hozzáadjuk a lisztet, a sütőport és a szerecsendiót, felváltva a narancslével. A tészta felét kivajazott, 23/9 cm-es tortaformába (formába) öntjük, majd a tetejére kenjük a pudingot, hagyjuk a széle körül helyet. Az aszalt szilvát és az áztatólevet öntsük a pudingosra, majd fedjük le a maradék pitékkeverékkel, ügyelve arra, hogy a pite keverék az oldalain tapadjon a töltelékhez, és a töltelékhez teljesen befedje. Előmelegített sütőben 200°C-on 35 percig sütjük, amíg aranybarnák nem lesznek, és el nem válnak a tepsi oldalától. A formázás előtt hagyjuk kihűlni a formában.

Málnás hullámtorta csokoládé cukormázzal

20 cm-es tortát készít

175 g/6 oz/¾ csésze vaj vagy margarin, lágyítva

175 g/6 uncia/¾ csésze porcukor (szuperfinom)

3 tojás, enyhén felverve

225 g/8 uncia/2 csésze magától kelő liszt (magától kelő)

100 g málna A mázhoz (mázhoz) és a díszítéshez:

Fehér csokoládé vajkrémes máz

100 g/4 uncia/1 csésze étcsokoládé (félédes)

A vajat vagy a margarint és a cukrot habosra és könnyű habbá verjük. Fokozatosan beleütjük a tojásokat, majd beleforgatjuk a lisztet. A málnát turmixoljuk össze, majd egy szitán (szűrőn) passzírozzuk át, hogy eltávolítsuk a magokat. A pürét belekeverjük a tésztába, csak úgy, hogy a tésztán belül mozogjon és ne keveredjen. Zsírozott és kibélelt tepsibe öntjük egy 20/8 cm-es tortaformába (formába), és előmelegített sütőben 180°C/350°F/gázjelzés 4-en 45 percig sütjük, amíg jól megkel és rugalmas tapintású lesz. Tegyük rácsra hűlni.

A vajkrémes cukormázzal megkenjük a tortát, és villával érdesítjük a felületét. Olvasszuk fel a csokoládét egy forró víz fölé állított hőálló tálban. Sütőpapíros tepsire (kekszre) terítjük, és majdnem megszilárdulni hagyjuk. Egy éles kés lapját kaparjuk át a csokoládéra, hogy fürtöket kapjunk. Használd a torta tetejének díszítésére.

Sam torta

20 cm-es tortát készít

75 g/3 uncia/1/3 csésze vaj vagy margarin, lágyítva

75 g/3 uncia/1/3 csésze kristálycukor (szuperfinom)

2 tojás, enyhén felverve

100 g/4 uncia/1 csésze kukoricakeményítő (kukoricakeményítő)

25 g/1 uncia/¼ csésze liszt (univerzális))

5 ml/1 teáskanál sütőpor

50 g/2 oz/½ csésze apróra vágott vegyes dió

A vajat vagy a margarint és a cukrot habosra és könnyű habbá verjük. Fokozatosan felverjük a tojásokat, majd beledolgozzuk a kukoricakeményítőt, a lisztet és a sütőport. A masszát kivajazott 20/8 cm-es négyzet alakú tortaformába öntjük, és megszórjuk a darált dióval. Előmelegített sütőben 180°C-on, 4-es gázjelzéssel 1 órán át, amíg ruganyos tapintású nem lesz.

köményes torta

Egy 18cm/7

100 g/4 oz/½ csésze vaj vagy margarin, lágyítva

100 g/4 oz/½ csésze porcukor (szuperfinom)

2 tojás, enyhén felverve

225 g/8 uncia/2 csésze sima liszt (minden célra)

25 g/1 uncia/¼ csésze köménymag

5 ml/1 teáskanál sütőpor

Egy csipet só

45 ml/3 evőkanál tej

A vajat vagy a margarint és a cukrot habosra és könnyű habbá verjük. Fokozatosan felverjük a tojásokat, majd hozzákeverjük a lisztet, a köménymagot, a sütőport és a sót. Annyi tejet keverünk hozzá, hogy folyós állagot kapjunk. Tegyünk egy kanalat egy 18 cm/7 cm-es tortaformába egy kivajazott és lisztezett tepsibe, és süssük előmelegített sütőben 200°C/400°F/gáz jelzés 6 1 órán keresztül, amíg rugalmas tapintású nem lesz, és el nem kezd húzódni az oldalától. az ónból.

Fűszeres torta

23 cm-es/9 hüvelykes gyűrűt készít

1 alma, meghámozva, kimagozva és lereszelve

30 ml/2 evőkanál citromlé

25 g/8 oz/1 csésze puha barna cukor

5 ml/1 teáskanál gyömbérpor

5 ml/1 teáskanál őrölt fahéj

2,5 ml/½ teáskanál őrölt fűszerkeverék (almás pite).

225 g/8 uncia/2/3 csésze aranyszirup (világos kukorica)

250 ml/8 fl oz/1 csésze olaj

10 ml/2 teáskanál sütőpor

400 g/14 uncia/3½ csésze liszt (univerzális)

10 ml/2 teáskanál szódabikarbóna (nátrium-hidrogén-karbonát)

250 ml/8 fl oz/1 csésze forró erős tea

1 tojás, felvert

Porcukor (tésztához) átszitáljuk a porozáshoz

Keverjük össze az almát és a citromlevet. Hozzákeverjük a cukrot és a fűszereket, majd a szirupot és az olajat. Adjunk hozzá sütőport a liszthez és szódabikarbónát a forró teához. Felváltva keverje hozzá őket a keverékhez, majd keverje hozzá a tojást. Kivajazott és lisztezett 23 cm-es tortaformába (formaformába) öntjük, és előmelegített sütőben 180 °C-on 1 órán át, amíg rugalmas tapintású lesz. Hagyja hűlni a serpenyőben 10 percig, majd fordítsa rácsra a teljes kihűléshez. Porcukorral meghintve tálaljuk.

Fűszeres réteg torta

23 cm/9-t tesz ki

100 g/4 oz/½ csésze vaj vagy margarin, lágyítva

100 g/4 oz/½ csésze kristálycukor

100 g/4 uncia/½ csésze puha barna cukor

2 tojás, felvert

175 g/6 uncia/1½ csésze liszt (univerzális)

5 ml/1 teáskanál sütőpor

5 ml/1 teáskanál őrölt fahéj

2,5 ml/½ teáskanál szódabikarbóna (szódabikarbóna)

2,5 ml/½ teáskanál őrölt fűszerkeverék (almás pite).

Egy csipet só

200 ml/7 fl oz/enyhe 1 csésze konzerv párolt tej

Citromos vajas cukormáz

A vajat vagy a margarint és a cukrot habosra keverjük. Fokozatosan felverjük a tojásokat, majd hozzákeverjük a száraz hozzávalókat és az elpárolgott tejet, és simára keverjük. Két kivajazott és kibélelt 23 cm/9 cm-es tortaformába (formába) öntjük, és előmelegített sütőben 180°C/350°F/gázjelzés 4-es hőmérsékleten 30 percig sütjük, amíg rugalmas tapintású nem lesz. Hagyjuk kihűlni, majd citromos vajkrémes cukormázzal együtt szendvicsre tesszük.

Cukor-fahéjas sütemény

23 cm/9-t tesz ki

175 g/6 uncia/1½ csésze magától kelő liszt (magától kelő)

10 ml/2 teáskanál sütőpor

Egy csipet só

175 g/6 uncia/¾ csésze porcukor (szuperfinom)

50 g/2 oz/¼ csésze vaj vagy margarin, olvasztott

1 tojás, enyhén felverve

120 ml/4 fl oz/½ csésze tej

2,5 ml/½ teáskanál vanília esszencia (kivonat)

A töltelékhez:
50 g/2 oz/¼ csésze vaj vagy margarin, olvasztott

50 g/2 uncia/¼ csésze puha barna cukor

2,5 ml/½ teáskanál őrölt fahéj

A sütemény összes hozzávalóját simára és jól összekeverjük. Kivajazott 23 cm-es tortaformába (forma) öntjük, és 180 °C-ra előmelegített sütőben 25 perc alatt aranybarnára sütjük. A forró süteményt megkenjük vajjal. Keverjük össze a cukrot és a fahéjat, és szórjuk meg a felületet. Tegye vissza a süteményt a sütőbe további 5 percre.

Viktoriánus tea sütemény

20 cm-es tortát készít

225 g/8 oz/1 csésze vaj vagy margarin, lágyítva

225 g/8 uncia/1 csésze porcukor (szuperfinom)

225 g/8 uncia/2 csésze magától kelő liszt (magától kelő)

25 g/1 uncia/¼ csésze kukoricakeményítő (kukoricakeményítő)

30 ml/2 evőkanál köménymag

5 tojás, szétválasztva

Granulált cukor a porozáshoz

A vajat vagy a margarint és a cukrot habosra és könnyű habbá verjük. Hozzákeverjük a lisztet, a kukoricakeményítőt és a köménymagot. A tojássárgáját felverjük, majd a masszához adjuk. A tojásfehérjét kemény habbá verjük, majd fémkanállal óvatosan a masszához keverjük. Kiolajozott és kibélelt 20 cm/8-as tortaformába (formaformába) öntjük és megszórjuk cukorral. Előmelegített sütőben 180°C/350°F/gáz 4-es fokozaton süsd 1,5 órán keresztül, amíg aranybarna nem lesz, és kezd el húzódni a forma oldalaitól.

Gyümölcsös pite

20 cm-es tortát készít

175 g/6 oz/¾ csésze vaj vagy margarin, lágyítva

175 g/6 uncia/¾ csésze puha barna cukor

3 tojás

15 ml/1 evőkanál aranyszirup (világos kukorica)

100 g/4 oz/½ csésze glacé (kandírozott) cseresznye

100 g/4 uncia/2/3 csésze szultána (arany mazsola)

100 g/4 uncia/2/3 csésze mazsola

225 g/8 uncia/2 csésze magától kelő liszt (magától kelő)

10 ml/2 tk kevert fűszer (almás pite) őrölt

Az összes hozzávalót egy tálba tesszük, és jól összekeverjük, vagy robotgépben turmixoljuk. Kivajazott és lisztezett 20 cm-es tortaformába (formaformába) öntjük, és előmelegített sütőben 160°C/325°F/gázjelzés 3-as hőmérsékleten másfél órán át sütjük, amíg a közepébe szúrt fogpiszkáló tisztán ki nem jön. Hagyja a formában 5 percig, majd fordítsa rácsra a teljes kihűléshez.

Minden az egyben gyümölcstorta

20 cm-es tortát készít

350 g/12 uncia/2 csésze vegyes dió (gyümölcstorta keverék)

100 g/4 oz/½ csésze vaj vagy margarin

100 g/4 uncia/½ csésze puha barna cukor

150 ml/¼ pt/2/3 csésze víz

2 nagy tojás, felverve

225 g/8 uncia/2 csésze magától kelő liszt (magától kelő)

5 ml/1 tk kevert fűszer (almás pite) őrölt

Tegye a gyümölcsöt, a vajat vagy a margarint, a cukrot és a vizet egy lábasba, forralja fel, majd lassú tűzön 15 percig párolja. Hagyjuk kihűlni. A tojásokat kanalanként, a liszttel és a kevert fűszerekkel felváltva beledolgozzuk, és jól összedolgozzuk. Tegyünk egy kanálnyit egy kivajazott 20/8 cm-es tortaformába (formaformába), és süssük előmelegített sütőben 140°C/275°F/gáz 1-es fokozaton 1-1,5 órán keresztül, amíg a közepébe szúrt fogpiszkáló tisztán ki nem jön.

Ausztrál gyümölcstorta

900 g/2 font süteményhez

100 g/4 oz/½ csésze vaj vagy margarin

225 g/8 uncia/1 csésze puha barna cukor

250 ml/8 fl oz/1 csésze víz

350 g/12 uncia/2 csésze vegyes dió (gyümölcstorta keverék)

5 ml/1 teáskanál szódabikarbóna (nátrium-hidrogén-karbonát)

10 ml/2 tk kevert fűszer (almás pite) őrölt

5 ml/1 teáskanál gyömbérpor

100 g/4 oz/1 csésze magától kelő liszt (magán kelő)

100 g/4 uncia/1 csésze liszt (minden célra)

1 tojás, felvert

A liszt és a tojás kivételével az összes hozzávalót felforraljuk egy lábasban. Levesszük a tűzről és hagyjuk kihűlni. Keverjük össze a liszteket és a tojást. Öntsük a keveréket egy kivajazott és bélelt 900 g-os tepsibe, és süssük előmelegített sütőben 160°C-ra 3. gázjelzésre 1 órán keresztül, amíg jól megkel, és fogpiszkálót szúr a közepébe. tisztán jön ki.

Gazdag amerikai pite

Egy 25 cm-es pitét készít

225 g/8 uncia/1 1/3 csésze ribizli

100 g/4 oz/1 csésze blansírozott mandula

15 ml/1 evőkanál narancsvirágvíz

45 ml/3 evőkanál száraz sherry

1 nagy tojássárgája

2 tojás

350 g/12 uncia/1½ csésze vaj vagy margarin, lágyítva

175 g/6 uncia/¾ csésze porcukor (szuperfinom)

Egy csipet őrölt buzogány

Egy csipet őrölt fahéj

Egy csipet őrölt szegfűszeg

Egy csipet őrölt gyömbér

Egy csipet reszelt szerecsendió

30 ml/2 evőkanál brandy

225 g/8 uncia/2 csésze sima liszt (minden célra)

50 g/2 oz/½ csésze apróra vágott vegyes (kandírozott) héj

A ribizlit áztassuk 15 percre forró vízbe, majd jól csepegtessük le. A mandulát a narancsvirágvízzel és 15 ml/1 evőkanál sherryvel finomra őröljük. Verjük össze a sárgáját és a tojásokat. A vajat vagy a margarint és a cukrot habosra keverjük, majd hozzákeverjük a mandulás keveréket és a tojásokat, és fehéredésig verjük. Adjuk hozzá a fűszereket, a maradék sherryt és a brandyt. Belekeverjük a lisztet, majd beleforgatjuk a ribizlit és a kevert héját. Kivajazott, 25 cm-es/10 cm-es tortaformába öntjük, és előmelegített sütőben

180 °C-on, 4-es gázjelzéssel kb. 1 órán át sütjük, amíg a közepébe szúrt fogpiszkáló tisztán ki nem jön.

Szentjánoskenyér torta

Egy 18cm/7

450 g/1 font/22/3 csésze mazsola

300 ml/½ pt/1¼ csésze narancslé

175 g/6 oz/¾ csésze vaj vagy margarin, lágyítva

3 tojás, enyhén felverve

225 g/8 uncia/2 csésze sima liszt (minden célra)

75 g szentjánoskenyér por

10 ml/2 teáskanál sütőpor

2 narancs reszelt héja

50 g/2 oz/½ csésze dió, apróra vágva

Áztassuk a mazsolát narancslében egy éjszakára. A vajat vagy a margarint és a tojásokat habosra keverjük. Fokozatosan keverjük hozzá a mazsolát és a narancslevet és a többi hozzávalót. Tegyünk egy kanalat egy kivajazott és bélelt 18 cm-es tortaformába, és előmelegített sütőben süssük 180 °C-on 30 percig, majd csökkentsük a sütő hőmérsékletét 160 °C-ra. jelölje be a 3-ast további 1¼ órán keresztül, amíg a közepébe szúrt fogpiszkáló tisztán ki nem jön. Hagyja hűlni a serpenyőben 10 percig, mielőtt rácsra bontja a teljes kihűléshez.

Kávé sütemény és gyümölcs

Egy 25 cm-es pitét készít

450 g/1 font/2 csésze porcukor (szuperfinom)

450 g/1 font/2 csésze kimagozott datolya (kimagozott), apróra vágva

450 g/1 font/22/3 csésze mazsola

450 g/1 font/22/3 csésze szultána (arany mazsola)

100 g/4 oz/½ csésze glacé (kandírozott) cseresznye, apróra vágva

100 g/4 oz/1 csésze apróra vágott vegyes dió

450 ml/¾ pt/2 csésze erős feketekávé

120 ml/4 fl uncia/½ csésze olaj

100 g/4 uncia/1/3 csésze aranyszirup (világos kukorica)

10 ml/2 teáskanál őrölt fahéj

5 ml/1 teáskanál reszelt szerecsendió

Egy csipet só

10 ml/2 teáskanál szódabikarbóna (nátrium-hidrogén-karbonát)

15 ml/1 evőkanál víz

2 tojás, enyhén felverve

450 g/1 font/4 csésze sima liszt (univerzális)

120 ml/4 fl oz/½ csésze sherry vagy brandy

A szódabikarbóna, a víz, a tojás, a liszt és a sherry vagy brandy kivételével minden hozzávalót felforralunk egy vastag aljú serpenyőben. Folyamatos keverés mellett forraljuk 5 percig, majd levesszük a tűzről és hagyjuk kihűlni.

A szódabikarbónát elkeverjük a vízzel, majd a tojással és a liszttel a gyümölcsös keverékhez adjuk. Egy kanállal kikent és lisztezett 25 cm/10 cm-es tortaformába (formába) helyezünk, és kívülre dupla réteg sütőpapírt (viasz) kötünk úgy, hogy a tortaforma tetejére kerüljön. Előmelegített sütőben 160°C/325°F/gáz jelzés 3 1 órán át sütjük. Csökkentse a sütő hőmérsékletét 150°C/300°F/gáz jelzés 2-re, és süsse még egy órán át. Csökkentse a sütő hőmérsékletét 140°C/275°F/gáz jelzés 1-re, és süsse egy harmadik órát. Csökkentse újra a sütő hőmérsékletét 120°C/250°F/gázjel ½-ra, és süsse egy utolsó órát, ha a sütemény tetejét zsírpapírral letakarja, ha túlságosan barnulni kezd.

Cornish pite

900 g/2 font süteményhez

350 g sima liszt (minden célra)

2,5 ml/½ teáskanál só

175 g/6 uncia/¾ csésze disznózsír (zsír)

75 g/3 uncia/1/3 csésze kristálycukor (szuperfinom)

175 g/6 uncia/1 csésze ribizli

Néhány apróra vágott (kandírozott) vegyes héj (elhagyható)

Körülbelül 150 ml/¼ pt/2/3 csésze kevert tej és víz

1 tojás, felvert

Tegye egy tálba a lisztet és a sót, majd dörzsölje bele a zsírt, amíg zsemlemorzsára nem hasonlít. Hozzákeverjük a maradék száraz hozzávalókat. Fokozatosan adjunk hozzá annyi tejet és vizet, hogy kemény tésztát kapjunk. Nem tart sokáig. Kivajazott (keksz) tepsiben nyújtsuk ki kb. 1/2 cm vastagra. Felvert tojással megkenjük. Rajzolj keresztmintát a tetejére egy kés hegyével. 160°C-ra előmelegített sütőben, 3-as gázjelzéssel kb. 20 perc alatt aranybarnára sütjük. Hagyjuk kihűlni, majd kockákra vágjuk.

Ribizli torta

23 cm/9-t tesz ki

225 g/8 uncia/1 csésze vaj vagy margarin

300 g/11 uncia/1½ csésze porcukor (szuperfinom)

Egy csipet só

100 ml/3½ fl oz/6½ evőkanál forrásban lévő víz

3 tojás

400 g/14 uncia/3½ csésze liszt (univerzális)

175 g/6 uncia/1 csésze ribizli

50 g/2 oz/½ csésze apróra vágott vegyes (kandírozott) héj

100 ml/3½ fl oz/6½ evőkanál hideg víz

15 ml/1 evőkanál sütőpor

Egy tálba tedd a vajat vagy a margarint, a cukrot és a sót, öntsd fel forrásban lévő vízzel, és hagyd állni, amíg megpuhul. Gyorsan felverjük, amíg világos és krémes nem lesz. Fokozatosan adjuk hozzá a tojásokat, majd a hideg vízzel felváltva keverjük hozzá a lisztet, a mazsolát és a vegyes héjat. Belekeverjük az élesztőt. A masszát kivajazott, 23 cm-es tortaformába (forma) öntjük, és 180°C-ra előmelegített sütőben 30 percig sütjük. Csökkentse a sütő hőmérsékletét 150°C/300°F/gáz jelzés 2-re, és süsse további 40 percig, amíg a közepébe szúrt fogpiszkáló tisztán ki nem jön. Hagyja hűlni a serpenyőben 10 percig, mielőtt kibontja a formából, hogy egy rácson teljesen lehűljön.

Fondant gyümölcstorta

Egy 25 cm-es pitét készít

225 g/8 oz/1 csésze apróra vágott glacé (kandírozott) vegyes gyümölcs

350 g/12 uncia/2 csésze kimagozott datolya (kimagozott), apróra vágva

225 g/8 uncia/11/3 csésze mazsola

225 g/8 oz/1 csésze glacé (kandírozott) cseresznye, apróra vágva

100 g/4 oz/½ csésze glacé (kandírozott) ananász, apróra vágva

100 g/4 oz/1 csésze apróra vágott vegyes dió

225 g/8 uncia/2 csésze sima liszt (minden célra)

5 ml/1 teáskanál szódabikarbóna (nátrium-hidrogén-karbonát)

5 ml/1 teáskanál őrölt fahéj

2,5 ml/½ teáskanál szegfűbors

1,5 ml/¼ teáskanál őrölt szegfűszeg

1,5 ml/¼ teáskanál só

225 g/8 uncia/1 csésze disznózsír (zsír)

225 g/8 uncia/1 csésze puha barna cukor

3 tojás

175 g/6 oz/½ csésze fekete melasz (melasz)

2,5 ml/½ teáskanál vanília esszencia (kivonat)

120 ml/4 fl uncia/½ csésze író

Keverjük össze a gyümölcsöt és a diót. Keverje össze a lisztet, a szódabikarbónát, a fűszereket és a sót, és adjon hozzá 50 g-ot a gyümölcshöz. A zsírt és a cukrot addig verjük, amíg világos és habos nem lesz. Fokozatosan hozzákeverjük a tojásokat, minden hozzáadás után jól felverjük. Hozzákeverjük a melaszt és a vanília esszenciát. A maradék lisztes keverékkel felváltva keverjük hozzá az írót, és keverjük simára. Tegye bele a gyümölcsöt. Tegyünk egy kanálnyit egy kivajazott és lisztezett 25 cm-es tortaformába (formába), és süssük előmelegített sütőben 140°C/275°F/gáz 1-es fokozaton 2 és fél órán keresztül, amíg a közepébe szúrt fogpiszkáló tisztán ki nem jön. Hagyja hűlni a serpenyőben 10 percig, majd fordítsa rácsra a teljes kihűléshez.

Cake Vágás és gyere újra

20 cm-es tortát készít

275 g/10 uncia/12/3 csésze vegyes dió (gyümölcstorta keverék)

100 g/4 oz/½ csésze vaj vagy margarin

150 ml/¼ pt/2/3 csésze víz

1 tojás, felvert

225 g/8 uncia/2 csésze sima liszt (minden célra)

Egy csipet só

100 g/4 oz/½ csésze porcukor (szuperfinom)

Tedd a gyümölcsöt, a vajat vagy a margarint és a vizet egy lábasba, és párold 20 percig. Hagyjuk kihűlni. Adjuk hozzá a tojást, majd fokozatosan keverjük hozzá a lisztet, a sót és a cukrot. Tegyünk egy kanálnyit egy kivajazott 20/8 cm-es tortaformába (formaformába), és süssük előmelegített sütőben 160°C/325°F/gázjelzés 3-ra 1¼ órán keresztül, amíg a közepébe szúrt fogpiszkáló tisztán ki nem jön.

Dundee torta

20 cm-es tortát készít

225 g/8 oz/1 csésze vaj vagy margarin, lágyítva

225 g/8 uncia/1 csésze porcukor (szuperfinom)

4 nagy tojás

225 g/8 uncia/2 csésze sima liszt (minden célra)

Egy csipet só

350 g/12 uncia/2 csésze ribizli

350 g/12 uncia/2 csésze szultána (arany mazsola)

175 g/6 oz/1 csésze vegyes héja (kandírozott) apróra vágva

100 g/4 oz/1 csésze glacé (kandírozott) cseresznye, negyedelve

½ citrom reszelt héja

50 g egész mandula, blansírozva

A vajat és a cukrot sápadtságig habosra verjük. Egyenként üsd bele a tojásokat, minden hozzáadás között jól keverd fel. Hozzákeverjük a lisztet és a sót. Keverjük össze a gyümölcsöt és a citromhéjat. A mandula felét feldaraboljuk, és a keverékhez adjuk. Tegyünk egy kanalat egy kivajazott és kibélelt 20 cm-es tortaformába (formaformába), és kössünk egy barna papírcsíkot a tortaforma külső oldalára úgy, hogy az kb. 5 cm-rel magasabban legyen, mint a tortaforma. Oszd szét a fenntartott mandulát, és helyezd el koncentrikus körökben a torta tetején. Előmelegített sütőben 150°C/300°F/gáz jelzés 2 3 és fél órán keresztül süsd, amíg a közepébe szúrt fogpiszkáló tisztán ki nem jön. 2 és fél óra elteltével ellenőrizze, hogy a sütemény nem kezd-e túl barnulni a felületén,

Gyümölcstorta tojás nélkül

20 cm-es tortát készít

50 g/2 uncia/¼ csésze vaj vagy margarin

225 g/8 uncia/2 csésze magától kelő liszt (magától kelő)

5 ml/1 teáskanál szódabikarbóna (nátrium-hidrogén-karbonát)

5 ml/1 teáskanál reszelt szerecsendió

5 ml/1 tk kevert fűszer (almás pite) őrölt

Egy csipet só

225 g/8 uncia/11/3 csésze vegyes dió (gyümölcstorta keverék)

100 g/4 uncia/½ csésze puha barna cukor

250 ml/8 fl oz/1 csésze tej

Dörzsölje el a vajat vagy a margarint a liszttel, a szódabikarbónával, a fűszerekkel és a sóval, amíg zsemlemorzsára nem hasonlít. Keverje össze a gyümölcsöt és a cukrot, majd keverje hozzá a tejet, amíg az összes hozzávaló jól el nem keveredik. Fedjük le és hagyjuk egy éjszakán át.

Öntsük a keveréket egy kivajazott és lisztezett 20 cm-es tortaformába (formaformába), és süssük előmelegített sütőben 180°C/350°F/gázjelzés 4-es hőmérsékleten 1¾ órán keresztül, amíg a közepébe szúrt fogpiszkáló tisztán ki nem jön.

Jenna torta

23 cm/9-t tesz ki

225 g/8 uncia/1 csésze vaj vagy margarin

200 g/7 uncia/enyhén 1 csésze porcukor (szuperfinom)

175 g/6 uncia/1 csésze ribizli

175 g/6 uncia/1 csésze szultána (arany mazsola)

50 g/2 oz/½ csésze apróra vágott vegyes (kandírozott) héj

75 g/3 oz/½ csésze kimagozott datolya (kimagozott), apróra vágva

5 ml/1 teáskanál szódabikarbóna (nátrium-hidrogén-karbonát)

200 ml/7 fl uncia/enyhén 1 csésze víz

75 g/2 oz/¼ csésze glacé (kandírozott) cseresznye, apróra vágva

100 g/4 oz/1 csésze apróra vágott vegyes dió

60 ml/4 evőkanál brandy vagy sherry

300 g/2¾ csésze sima liszt (univerzális)

5 ml/1 teáskanál sütőpor

Egy csipet só

2 tojás, enyhén felverve

A vajat vagy a margarint felolvasztjuk, majd hozzákeverjük a cukrot, a mazsolát, a szultánt, a kevert héját és a datolyát. A szódabikarbónát kevés vízzel elkeverjük, majd a maradék vízzel a gyümölcsös keverékhez forgatjuk. Forraljuk fel, majd forraljuk 20 percig, időnként megkeverve. Letakarjuk és egy éjszakán át pihentetjük.

Vajazz ki és bélelj ki egy 9 cm/23 cm-es tortaformát (formát), és köss egy dupla réteg zsírpapírt vagy barna papírt, hogy a tortaforma tetejére illeszkedjen. A masszához keverjük a mázas meggyet, a diót és a brandyt vagy sherryt, majd beleforgatjuk a lisztet, a sütőport és a sót. Belekeverjük a tojásokat. Az előkészített tortaformába öntjük, és előmelegített sütőben 160°C/325°F/gázjelzés 3 1 órán át sütjük. Csökkentse a sütő hőmérsékletét 140°C/275°F/gáz jelzés 1-re, és süsse még egy órán át. Csökkentse újra a sütő hőmérsékletét 120°C/250°F/gázjel ½-ra, és süsse még egy órán keresztül, amíg a közepébe szúrt fogpiszkáló tisztán ki nem jön. A torta tetejét egy kör sütőpapírral fedjük le, vagy ha túl barnul, a sütési idő vége felé barnítsuk meg. 30 percig a formában hagyjuk hűlni,

Gyömbéres gyümölcstorta

Egy 18cm/7

100 g/4 oz/½ csésze vaj vagy margarin, lágyítva

100 g/4 oz/½ csésze porcukor (szuperfinom)

2 tojás, enyhén felverve

30 ml/2 evőkanál tej

225 g/8 uncia/2 csésze magától kelő liszt (magától kelő)

5 ml/1 teáskanál sütőpor

10 ml/2 tk kevert fűszer (almás pite) őrölt

5 ml/1 teáskanál gyömbérpor

100 g/4 uncia/2/3 csésze mazsola

100 g/4 uncia/2/3 csésze szultána (arany mazsola)

A vajat vagy a margarint és a cukrot habosra és könnyű habbá verjük. Fokozatosan hozzákeverjük a tojást és a tejet, majd a lisztet, a sütőport és a fűszereket, majd a gyümölcsöt. Öntsük a keveréket kivajazott és lisztezett 18 cm-es tortaformába (formaformába), és előmelegített sütőben 160 °C-on süssük 1¼ órán keresztül, amíg jól megkel és aranybarna nem lesz.

Farmhouse Honey Gyümölcstorta

20 cm-es tortát készít

175 g/6 uncia/2/3 csésze vaj vagy margarin, lágyítva

175 g/6 uncia/½ csésze tiszta méz

1 citrom reszelt héja

3 tojás, enyhén felverve

225 g/8 uncia/2 csésze teljes kiőrlésű búzaliszt (teljes kiőrlésű)

10 ml/2 teáskanál sütőpor

5 ml/1 tk kevert fűszer (almás pite) őrölt

100 g/4 uncia/2/3 csésze mazsola

100 g/4 uncia/2/3 csésze szultána (arany mazsola)

100 g/4 uncia/2/3 csésze ribizli

50 g/2 uncia/1/3 csésze fogyasztásra kész szárított sárgabarack, apróra vágva

50 g/2 oz/1/3 csésze apróra vágott vegyes (kandírozott) héj

25 g/1 uncia/¼ csésze őrölt mandula

25 g/1 uncia/¼ csésze mandula

A vajat vagy a margarint, a mézet és a citromhéjat habosra verjük. Fokozatosan hozzákeverjük a tojásokat, majd belekeverjük a lisztet, a sütőport és a kevert fűszereket. Belekeverjük a gyümölcsöt és az apróra vágott mandulát. Kivajazott és lisztezett 20 cm-es tortaformába (forma) öntjük, és a közepébe kis mélyedést készítünk. A torta felső szélén elrendezzük a mandulát. 160°C-ra előmelegített sütőben 2-2 és fél órán keresztül süssük, amíg a közepébe szúrt fogpiszkáló tisztán ki nem jön. A sütemény tetejét a sütési idő vége felé fedjük le sütőpapírral (viasz), ha túlságosan megpirul. Hagyja hűlni a serpenyőben 10 percig, mielőtt rácsra bontja a teljes kihűléshez.

Genovai torta

23 cm/9-t tesz ki

225 g/8 oz/1 csésze vaj vagy margarin, lágyítva

100 g/4 oz/½ csésze porcukor (szuperfinom)

4 tojás, szétválasztva

5 ml/1 teáskanál mandula esszencia (kivonat)

5 ml/1 teáskanál reszelt narancshéj

225 g mazsola, apróra vágva

100 g ribizli apróra vágva

100 g/4 uncia/2/3 csésze szultána (arany mazsola), apróra vágva

50 g glacé (kandírozott) cseresznye, apróra vágva

50 g/2 oz/1/3 csésze apróra vágott vegyes (kandírozott) héj

100 g/4 oz/1 csésze őrölt mandula

25 g/1 uncia/¼ csésze mandula

350 g sima liszt (minden célra)

10 ml/2 teáskanál sütőpor

5 ml/1 teáskanál őrölt fahéj

A vajat vagy a margarint és a cukrot habosra keverjük, majd beleforgatjuk a tojássárgáját, a mandula esszenciát és a narancshéjat. A gyümölcsöt és a dióféléket kevés liszttel bevonásra keverjük, majd kanalazzuk bele a lisztet, a sütőport és a fahéjat, felváltva a kanálnyi gyümölcskeverékkel, amíg minden jól össze nem keveredik. A tojásfehérjét verjük kemény habbá, majd keverjük a masszához. A kanalat kivajazott és kibélelt 9 cm-es tortaformába öntjük, és előmelegített sütőben 190°C-on, 5-ös gázjelzéssel süssük 30 percig, majd vegyük le a sütő hőmérsékletét 160°C-ra. jelölje be a 3-ast további másfél órán keresztül, amíg rugalmas tapintású lesz, és a közepébe szúrt nyárs tisztán ki nem jön. A formában hagyjuk kihűlni.

Glacé gyümölcstorta

23 cm/9-t tesz ki

225 g/8 oz/1 csésze vaj vagy margarin, lágyítva

225 g/8 uncia/1 csésze porcukor (szuperfinom)

4 tojás, enyhén felverve

45 ml/3 evőkanál brandy

250 g/9 uncia/1¼ csésze sima liszt (univerzális)

2,5 ml/½ teáskanál sütőpor

Egy csipet só

225 g/8 uncia/1 csésze glacé (kandírozott) vegyes gyümölcs, például cseresznye, ananász, narancs, füge, szeletelve

100 g/4 uncia/2/3 csésze mazsola

100 g/4 uncia/2/3 csésze szultána (arany mazsola)

75 g/3 uncia/½ csésze ribizli

50 g/2 oz/½ csésze apróra vágott vegyes dió

1 citrom reszelt héja

A vajat vagy a margarint és a cukrot habosra és könnyű habbá verjük. Fokozatosan hozzákeverjük a tojást és a pálinkát. Egy külön tálban keverjük össze a többi hozzávalót, amíg a gyümölcs jól lisztes lesz. Adjuk hozzá a keverékhez, és jól keverjük össze. Kivajazott 9 cm/23 cm-es tortaformába (forma) öntjük, és előmelegített sütőben 180°C/350°F/gáz jelzés 4 30 perc alatt megsütjük. Csökkentse a sütő hőmérsékletét 150°C/300°F/gáz jelzés 3-ra, és süsse további 50 percig, amíg a közepébe szúrt fogpiszkáló tisztán ki nem jön.

Guinness gyümölcstorta

23 cm/9-t tesz ki

225 g/8 uncia/1 csésze vaj vagy margarin

225 g/8 uncia/1 csésze puha barna cukor

300 ml/½ pt/1¼ csésze Guinness vagy Stout

225 g/8 uncia/11/3 csésze mazsola

225 g/8 uncia/11/3 csésze szultána (arany mazsola)

225 g/8 uncia/11/3 csésze ribizli

100 g vegyes héja (kandírozott) apróra vágva

550 g/1¼ font/5 csésze sima liszt (minden célra)

2,5 ml/½ teáskanál szódabikarbóna (szódabikarbóna)

5 ml/1 tk kevert fűszer (almás pite) őrölt

2,5 ml/½ teáskanál reszelt szerecsendió

3 tojás, enyhén felverve

Forraljuk fel a vajat vagy margarint, a cukrot és a Guinnesst egy serpenyőben, lassú tűzön, keverjük addig, amíg össze nem áll. Keverjük össze a gyümölcsöt és a vegyes héjat, forraljuk fel, majd pároljuk 5 percig. Levesszük a tűzről és hagyjuk kihűlni.

A lisztet, a szódabikarbónát és a fűszereket összekeverjük, és mélyedést készítünk a közepébe. Hozzáadjuk a friss gyümölcskeveréket és a tojást, és jól összekeverjük. Tegyünk egy kanálnyit egy kivajazott és lisztezett 9 cm-es tortaformába (sütőformába), és süssük előmelegített sütőben 160 °C-on 2 órán keresztül, amíg a közepébe szúrt fogpiszkáló tisztán ki nem jön. Hagyja hűlni a serpenyőben 20 percig, majd fordítsa rácsra a teljes kihűléshez.

Zabpehely és barackos sütemény

20 cm-es tortát készít

175 g/6 oz/¾ csésze vaj vagy margarin, lágyítva

50 g/2 uncia/¼ csésze puha barna cukor

30 ml/2 evőkanál tiszta méz

3 tojás, felvert

175 g/6 uncia/¼ csésze teljes kiőrlésű búzaliszt (teljes kiőrlésű)

50 g/2 uncia/½ csésze zabpehely

10 ml/2 teáskanál sütőpor

250 g/1½ csésze vegyes dió (gyümölcstorta keverék)

50 g/2 uncia/1/3 csésze fogyasztásra kész szárított sárgabarack, apróra vágva

1 citrom reszelt héja és leve

A vajat vagy a margarint és a cukrot a mézzel habosra keverjük. Fokozatosan hozzákeverjük a tojásokat a liszttel és a sütőporral felváltva. Hozzákeverjük a szárított gyümölcsöt és a citrom levét és héját. Kivajazott és lisztezett 20 cm-es tortaformába (sütőformába) öntjük, és előmelegített sütőben 180°C-on, 4-es gázjelzéssel 1 órán át sütöm. Csökkentse a sütő hőmérsékletét 160°C/325°F/gáz jelzés 3-ra, és süsse további 30 percig, amíg a közepébe szúrt fogpiszkáló tisztán ki nem jön. Ha a torta túl gyorsan kezd barnulni, fedjük le sütőpapírral a tetejét.

Sovány gyümölcstorta

20 cm-es tortát készít

450 g/1 font/4 csésze sima liszt (univerzális)

225 g/8 uncia/1 1/3 csésze ribizli

225 g/8 uncia/1 1/3 csésze szultána (arany mazsola)

225 g/8 uncia/1 csésze puha barna cukor

50 g/2 oz/1/3 csésze apróra vágott vegyes (kandírozott) héj

175 g/6 uncia/¾ csésze disznózsír (zsír)

15 ml/1 evőkanál aranyszirup (világos kukorica)

10 ml/2 teáskanál szódabikarbóna (nátrium-hidrogén-karbonát)

15 ml/1 evőkanál tej

300 ml/½ pt/1¼ csésze víz

Keverjük össze a lisztet, a gyümölcsöt, a cukrot és a héját. A disznózsírt és a szirupot felolvasztjuk, és a keverékhez adjuk. Oldjuk fel a szódabikarbónát a tejben, és adjuk hozzá a tortas keverékhez a vízzel. Kivajazott 20/8 cm-es tortaformába (formába) öntjük, letakarjuk és egy éjszakán át állni hagyjuk.

A süteményt 160°C-ra előmelegített sütőben süssük 1¾ órán keresztül, amíg a közepébe szúrt fogpiszkáló tisztán ki nem jön.

Mazsola és fűszer torta

900 g/2 font súlyú kenyérhez

225 g/8 uncia/1 csésze puha barna cukor

300 ml/½ pt/1¼ csésze víz

100 g/4 oz/½ csésze vaj vagy margarin

15 ml/1 evőkanál fekete melasz (melasz)

175 g/6 uncia/1 csésze mazsola

5 ml/1 teáskanál őrölt fahéj

2. 5 ml/½ teáskanál reszelt szerecsendió

2,5 ml/½ teáskanál szegfűbors

225 g/8 uncia/2 csésze sima liszt (minden célra)

5 ml/1 teáskanál sütőpor

5 ml/1 teáskanál szódabikarbóna (nátrium-hidrogén-karbonát)

Olvasszuk fel a cukrot, a vizet, a vajat vagy a margarint, a melaszt, a mazsolát és a fűszereket egy kis serpenyőben, közepes lángon, folyamatos keverés közben. Forraljuk fel, és forraljuk 5 percig. Vegyük le a tűzről, és keverjük hozzá a többi hozzávalót. Öntsük a keveréket egy kivajazott és kibélelt 900 g-os tepsibe, és süssük előmelegített sütőben 180°C-on 50 percig, amíg a közepébe szúrt fogpiszkáló tisztán ki nem jön.

Richmond torta

15 cm-es tortát készít

225 g/8 uncia/2 csésze sima liszt (minden célra)

Egy csipet só

75 g/3 uncia/1/3 csésze vaj vagy margarin

100 g/4 oz/½ csésze porcukor (szuperfinom)

2,5 ml/½ teáskanál sütőpor

100 g/4 uncia/2/3 csésze ribizli

2 tojás, felvert

Egy kis tej

A lisztet és a sót egy tálba tesszük, majd a vajjal vagy a margarinnal bedörzsöljük, amíg zsemlemorzsa nem lesz. Keverjük össze a cukrot, a sütőport és a ribizlit. Szükség szerint hozzáadjuk a tojást és a tejet, hogy sűrű masszává gyúrjuk. Kivajazott és kibélelt 15/6 cm-es tortaformába forgatjuk. 190°C-ra előmelegített sütőben süsd kb. 45 percig, amíg a közepébe szúrt fogpiszkáló tisztán ki nem jön. Rácson hagyjuk kihűlni.

Sáfrányos gyümölcstorta

Két 450 g/1 font súlyú tortát készít

2,5 ml/½ teáskanál sáfrányszál

Forró víz

15 g/½ uncia friss élesztő vagy 20 ml/4 teáskanál száraz élesztő

900 g/2 font/8 csésze sima liszt (univerzális)

225 g/8 uncia/1 csésze porcukor (szuperfinom)

2,5 ml/½ teáskanál őrölt fűszerkeverék (almás pite).

Egy csipet só

100 g/4 uncia/½ csésze disznózsír (zsír)

100 g/4 oz/½ csésze vaj vagy margarin

300 ml/½ pt/1¼ csésze meleg tej

350 g/12 uncia/2 csésze vegyes dió (gyümölcstorta keverék)

50 g 1/3 csésze apróra vágott vegyes (kandírozott) héj

Vágja fel a sáfrányszálakat, és áztassa 45 ml/3 evőkanál meleg vízben egy éjszakán át.

Az élesztőt 30 ml/2 evőkanál liszttel, 5 ml/1 ek cukorral és 75 ml/5 evőkanál meleg vízzel elkeverjük, és 20 percig meleg helyen kelesztjük, amíg habos nem lesz.

A maradék lisztet és a cukrot összekeverjük a fűszerekkel és a sóval. Dörzsölje össze a disznózsírt és a vajat vagy a margarint, amíg zsemlemorzsához nem hasonlít, majd készítsen lyukat a közepébe. Hozzáadjuk az élesztős keveréket, a sáfrányt és a sáfrányos folyadékot, a meleg tejet, a gyümölcsöt és a kikevert héjat, és lágy tésztává gyúrjuk. Olajozott tálba tesszük, ragasztófóliával (műanyag fóliával) letakarjuk, és meleg helyen 3 órán át állni hagyjuk.

Formázzunk két cipót, helyezzük őket két kivajazott, 450 g/1 font súlyú tepsibe (formába), és előmelegített sütőben 220°C-on, 7-es fokozaton süssük 40 percig, amíg jól megkel és aranybarna nem lesz.

Gyors gyümölcstorta

20 cm-es tortát készít

450 g/1 font/22/3 csésze vegyes dió (gyümölcstorta keverék)

225 g/8 uncia/1 csésze puha barna cukor

100 g/4 oz/½ csésze vaj vagy margarin

150 ml/¼ pt/2/3 csésze víz

2 tojás, felvert

225 g/8 uncia/2 csésze magától kelő liszt (magától kelő)

Forraljuk fel a gyümölcsöt, a cukrot, a vajat vagy a margarint és a vizet, majd fedjük le és pároljuk 15 percig. Hagyjuk kihűlni. Belekeverjük a tojást és a lisztet, majd a masszát kivajazott és lisztezett 20 cm-es tortaformába öntjük, és előmelegített sütőben 150°C/300°F/gázjel 3 1 1/2 órán keresztül aranybarnára és zsugorodásra sütjük. távol a doboz oldalaitól.

Forró tea gyümölcstorta

900 g/2 font süteményhez

450 g/1 font/2½ csésze vegyes dió (gyümölcstorta keverék)

300 ml/½ pt/1¼ csésze forró fekete tea

350 g/10 uncia/1¼ csésze puha barna cukor

350 g/10 uncia/2½ csésze magától kelő liszt (magától kelő)

1 tojás, felvert

Tegye a gyümölcsöt a forró teába, és hagyja ázni egy éjszakán át. Keverje össze a cukrot, a lisztet és a tojást, és tegye egy kivajazott, kibélelt 900 g-os cipóformába. 160°C-ra előmelegített sütőben 2 órán keresztül süsd, amíg szép megkel és aranybarna nem lesz.

Hideg gyümölcstea torta

15 cm-es tortát készít

100 g/4 oz/½ csésze vaj vagy margarin

225 g/8 uncia/1 1/3 csésze vegyes dió (gyümölcstorta keverék)

250 ml/8 fl oz/1 csésze jeges fekete tea

225 g/8 uncia/2 csésze magától kelő liszt (magától kelő)

100 g/4 oz/½ csésze porcukor (szuperfinom)

5 ml/1 teáskanál szódabikarbóna (nátrium-hidrogén-karbonát)

1 nagy tojás

A vajat vagy a margarint egy serpenyőben felolvasztjuk, hozzáadjuk a gyümölcsöt és a teát, majd felforraljuk. 2 percig pároljuk, majd hagyjuk kihűlni. Keverjük össze a többi hozzávalót és jól keverjük össze. Kivajazott és lisztezett, 15 cm-es tortaformába öntjük, és előmelegített sütőben 160°C/325°F/gázjelzés 3-as hőmérsékleten 1¼-1½ órán keresztül süssük, amíg megszilárdul. Hagyjuk kihűlni, majd szeletelve és vajjal megkenve tálaljuk.

Gyümölcstorta cukor nélkül

20 cm-es tortát készít

4 szárított sárgabarack

60 ml/4 evőkanál narancslé

250 ml/8 fl oz/1 csésze stout

100 g/4 uncia/2/3 csésze szultána (arany mazsola)

100 g/4 uncia/2/3 csésze mazsola

50 g/2 uncia/¼ csésze ribizli

50 g/2 uncia/¼ csésze vaj vagy margarin

225 g/8 uncia/2 csésze magától kelő liszt (magától kelő)

75 g/3 oz/¾ csésze apróra vágott vegyes dió

10 ml/2 tk kevert fűszer (almás pite) őrölt

5 ml/1 teáskanál instant kávépor

3 tojás, enyhén felverve

15 ml/1 evőkanál brandy vagy whisky

A sárgabarackot puhára áztatjuk a narancslében, majd apróra vágjuk. Tegyük egy serpenyőbe a stouttal, aszalt gyümölccsel és vajjal vagy margarinnal, forraljuk fel, majd pároljuk 20 percig. Hagyjuk kihűlni.

Keverjük össze a lisztet, a diót, a fűszereket és a kávét. Keverje hozzá a vaskos keveréket, a tojást és a brandyt vagy a whiskyt. A masszát kivajazott és kibélelt 20 cm-es tortaformába öntjük, és 180°C-ra előmelegített sütőben 20 percig sütjük. Csökkentse a sütő hőmérsékletét 150°C/300°F/gáz jelzés 2-re, és süsse további másfél óráig, amíg a közepébe szúrt fogpiszkáló tisztán ki nem jön. A sütési idő vége felé fedjük le (viaszos) sütőpapírral a tetejét, ha túl barnulna. Hagyja hűlni a serpenyőben 10 percig, mielőtt rácsra bontja a teljes kihűléshez.

Kis gyümölcsös sütemények

48-at tesz ki

100 g/4 oz/½ csésze vaj vagy margarin, lágyítva

225 g/8 uncia/1 csésze puha barna cukor

2 tojás, enyhén felverve

175 g/6 uncia/1 csésze kimagozott datolya (kimagozott), apróra vágva

50 g/2 oz/½ csésze apróra vágott vegyes dió

15 ml/1 evőkanál reszelt narancshéj

225 g/8 uncia/2 csésze sima liszt (minden célra)

5 ml/1 teáskanál szódabikarbóna (nátrium-hidrogén-karbonát)

2,5 ml/½ teáskanál só

150 ml/¼ pt/2/3 csésze író

6 mázas (kandírozott) cseresznye, szeletelve

Narancssárga gyümölcstorta cukormáz

A vajat vagy a margarint és a cukrot habosra és könnyű habbá verjük. A tojásokat egyenként verjük fel. Hozzákeverjük a datolyát, a diót és a narancshéjat. Keverjük össze a lisztet, a szódabikarbónát és a sót. Adjuk hozzá a keverékhez az íróval felváltva, és addig verjük, amíg jól el nem keveredik. Kivajazott 5 cm-es muffinformákba (tálcákba) öntjük, és a meggyel díszítjük. 190°C-ra előmelegített sütőben 20 percig sütjük, amíg a közepébe szúrt fogpiszkáló tisztán ki nem jön. Tegyük rácsra, hagyjuk kihűlni, majd kenjük meg narancsmázzal.

Virginia whisky torta

450 g/1 font súlyú süteményhez

100 g/4 oz/½ csésze vaj vagy margarin, lágyítva

50 g/2 uncia/¼ csésze porcukor (szuperfinom)

3 tojás, szétválasztva

175 g/6 uncia/1½ csésze liszt (univerzális)

5 ml/1 teáskanál sütőpor

Egy csipet reszelt szerecsendió

Egy csipet őrölt buzogány

120 ml/4 fl uncia/½ csésze port

30 ml/2 evőkanál brandy

100 g/4 uncia/2/3 csésze szárított vegyes gyümölcs (gyümölcstorta keverék)

120 ml/4 fl uncia/½ csésze whisky

A vajat és a cukrot habosra keverjük. Keverjük össze a tojássárgáját. A lisztet, a sütőport és a fűszereket összekeverjük, majd a masszához forgatjuk. Tegye bele a portékát, pálinkát és aszalt gyümölcsöt. A tojásfehérjét kemény habbá verjük, majd a masszához keverjük. Kivajazott, 450 g-os tortaformába öntjük, és előmelegített sütőben 160°C-on, 3-as gázjellel süssük 1 órán keresztül, amíg a közepébe szúrt fogpiszkáló tisztán ki nem jön. Hagyja kihűlni a formában, majd öntse a whiskyt a tortára, és hagyja a formában 24 órát, mielőtt felvágná.

Walesi gyümölcstorta

23 cm/9-t tesz ki

50 g/2 uncia/¼ csésze vaj vagy margarin

50 g/2 uncia/¼ csésze disznózsír (rövidítő)

225 g/8 uncia/2 csésze sima liszt (minden célra)

Egy csipet só

10 ml/2 teáskanál sütőpor

100 g/4 oz/½ csésze demerara cukor

175 g/6 uncia/1 csésze vegyes aszalt gyümölcs (gyümölcstorta keverék)

½ citrom reszelt héja és leve

1 tojás, enyhén felverve

30 ml/2 evőkanál tej

Dörzsölje el a vajat vagy a margarint és a zsírt a liszttel, a sóval és a sütőporral, amíg zsemlemorzsára nem hasonlít. Hozzákeverjük a cukrot, a gyümölcsöt és a citrom héját és levét, majd hozzákeverjük a tojást és a tejet, és addig dagasztjuk, amíg lágy tésztát nem kapunk. Kivajazott és lisztezett 9 cm-es (23 cm-es) négyzet alakú tepsit (sütőformát) formázunk, és előmelegített sütőben 200 °C-on 20 percig sütjük, amíg szép barna nem lesz.

Fehér gyümölcstorta

23 cm/9-t tesz ki

100 g/4 oz/½ csésze vaj vagy margarin, lágyítva

225 g/8 uncia/1 csésze porcukor (szuperfinom)

5 tojás, enyhén felverve

350 g/12 uncia/2 csésze vegyes aszalt gyümölcs

350 g/12 uncia/2 csésze szultána (arany mazsola)

100 g/4 oz/2/3 csésze kimagozott datolya (kimagozott), apróra vágva

100 g/4 oz/½ csésze glacé (kandírozott) cseresznye, apróra vágva

100 g/4 oz/½ csésze glacé (kandírozott) ananász, apróra vágva

100 g/4 oz/1 csésze apróra vágott vegyes dió

225 g/8 uncia/2 csésze sima liszt (minden célra)

10 ml/2 teáskanál sütőpor

2,5 ml/½ teáskanál só

60 ml/4 evőkanál ananászlé

A vajat vagy a margarint és a cukrot habosra és könnyű habbá verjük. Fokozatosan hozzákeverjük a tojásokat, minden hozzáadás után jól felverjük. Keverje össze az összes gyümölcsöt, diót és egy kevés lisztet, amíg a hozzávalók jól lisztezettek lesznek. A maradék liszthez keverjük a sütőport és a sót, majd az ananászlével felváltva a tojásos keverékhez keverjük simára. Adjuk hozzá a gyümölcsöt és jól keverjük össze. Tegyünk egy kanálnyit egy kivajazott és lisztezett 9 cm-es tortaformába (sütőformába), és süssük előmelegített sütőben 140 °C-ra 1-es gázjelzésre körülbelül 2 és fél órán keresztül, amíg a közepébe szúrt fogpiszkáló tisztán ki nem jön. Hagyja hűlni a serpenyőben 10 percig, mielőtt rácsra bontja a teljes kihűléshez.

almás pite

20 cm-es tortát készít

175 g/6 uncia/1½ csésze magától kelő liszt (magától kelő)

5 ml/1 teáskanál sütőpor

Egy csipet só

150 g/5 uncia/2/3 csésze vaj vagy margarin

150 g/5 uncia/2/3 csésze porcukor (szuperfinom)

1 tojás, felvert

175 ml/6 fl uncia/¾ csésze tej

3 étkezési (desszert) alma, meghámozva, kimagozva és felszeletelve

2,5 ml/½ teáskanál őrölt fahéj

15 ml/1 evőkanál tiszta méz

Keverjük össze a lisztet, a főzőerőt és a sót. Dörzsölje bele a vajat vagy a margarint, amíg zsemlemorzsa nem lesz, majd keverje hozzá a cukrot. Keverjük össze a tojást és a tejet. A masszát kivajazott és lisztezett 20/8 cm-es tortaformába (formába) öntjük, és óvatosan a tetejére nyomkodjuk az almaszeleteket. Megszórjuk fahéjjal és meglocsoljuk mézzel. 200°C-ra előmelegített sütőben 45 perc alatt aranybarnára és szilárd tapintásúra sütjük.

Ropogós fűszerezett almás pite

20 cm-es tortát készít

75 g/3 uncia/1/3 csésze vaj vagy margarin

175 g/6 uncia/1½ csésze magától kelő liszt (magától kelő)

50 g/2 uncia/¼ csésze porcukor (szuperfinom)

1 tojás

75 ml/5 evőkanál víz

3 étkezési (desszert) alma, meghámozva, kimagozva és szeletekre vágva

A töltelékhez:
75 g/3 uncia/1/3 csésze demerara cukor

10 ml/2 teáskanál őrölt fahéj

25 g/1 uncia/2 evőkanál vaj vagy margarin

Dörzsölje bele a vajat vagy a margarint a lisztbe, amíg zsemlemorzsa nem lesz. Hozzákeverjük a cukrot, majd a tojást és a vizet, hogy lágy tésztát kapjunk. Adjunk hozzá egy kevés vizet, ha a keverék túl száraz. Nyújtsa ki a tésztát egy 20 cm/8-as piteformába, és nyomja bele az almát a tésztába. Megszórjuk a demerara cukorral és a fahéjjal, majd meglocsoljuk a vajjal vagy a margarinnal. 180°C-ra előmelegített sütőben 30 perc alatt aranybarnára és szilárd tapintásúra sütöm.

Amerikai almás pite

20 cm-es tortát készít

50 g/2 oz/¼ csésze vaj vagy margarin, lágyítva

225 g/8 uncia/1 csésze puha barna cukor

1 tojás, enyhén felverve

5 ml/1 teáskanál vanília esszencia (kivonat)

100 g/4 uncia/1 csésze liszt (minden célra)

2,5 ml/½ teáskanál sütőpor

2,5 ml/½ teáskanál szódabikarbóna (szódabikarbóna)

2,5 ml/½ teáskanál só

2,5 ml/½ teáskanál őrölt fahéj

2,5 ml/½ teáskanál reszelt szerecsendió

450 g/1 font ehető (desszert) alma, meghámozva, kimagozva és kockára vágva

25 g/1 uncia/¼ csésze mandula, apróra vágva

A vajat vagy a margarint és a cukrot habosra és könnyű habbá verjük. Fokozatosan hozzákeverjük a tojást és a vanília esszenciát. Keverjük össze a lisztet, a sütőport, a szódabikarbónát, a sót és a fűszereket, és keverjük a masszához, amíg össze nem áll. Belekeverjük az almát és a diót. Tegyünk egy kanálnyit egy kivajazott és bélelt 20 cm-es, négyzet alakú tepsibe, és süssük előmelegített, 180°C-ra előmelegített sütőben 45 percig, amíg a közepébe szúrt fogpiszkáló tisztán ki nem jön.

Almapüré pite

900 g/2 font süteményhez

100 g/4 oz/½ csésze vaj vagy margarin, lágyítva

225 g/8 uncia/1 csésze puha barna cukor

2 tojás, enyhén felverve

225 g/8 uncia/2 csésze sima liszt (minden célra)

5 ml/1 teáskanál őrölt fahéj

2,5 ml/½ teáskanál reszelt szerecsendió

100 g/4 uncia/1 csésze almapüré (szósz)

5 ml/1 teáskanál szódabikarbóna (nátrium-hidrogén-karbonát)

30 ml/2 evőkanál forró víz

A vajat vagy a margarint és a cukrot habosra és könnyű habbá verjük. Fokozatosan belekeverjük a tojásokat. Hozzákeverjük a lisztet, a fahéjat, a szerecsendiót és az almapürét. A szódabikarbónát elkeverjük a forró vízzel, és a masszához keverjük. Kivajazott 900 g-os tepsibe öntjük, és előmelegített sütőben 180°C-on, 4-es gázjellel süssük 1¼ órán keresztül, amíg a közepébe szúrt fogpiszkáló tisztán ki nem jön.

Almabor Almás pite

20 cm-es tortát készít

100 g/4 oz/½ csésze vaj vagy margarin, lágyítva

150 g/5 uncia/2/3 csésze porcukor (szuperfinom)

3 tojás

225 g/8 uncia/2 csésze magától kelő liszt (magától kelő)

5 ml/1 tk kevert fűszer (almás pite) őrölt

5 ml/1 teáskanál szódabikarbóna (nátrium-hidrogén-karbonát)

5 ml/1 teáskanál sütőpor

150 ml/¼ pt/2/3 csésze száraz almabor

2 főzés (fanyar) alma, meghámozva, kimagozva és felszeletelve

75 g/3 uncia/1/3 csésze demerara cukor

100 g/4 oz/1 csésze apróra vágott vegyes dió

A vajat vagy a margarint, a cukrot, a tojást, a lisztet, a fűszereket, a szódabikarbónát, a sütőport és a 120 ml/4 fl oz/½ csésze almabort jól összekeverjük, majd hozzáadjuk a maradék almabort is, hogy sima tésztát kapjunk. A keverék felét kivajazott és lisztezett 20 cm-es tortaformába (formába) öntjük, és befedjük az almaszeletek felével. Keverjük össze a cukrot és a diót, majd kenjük a felét az almára. Beleöntjük a maradék süteménykeveréket, majd rátesszük a maradék almát és a maradék dió-cukros keveréket. 180°C-ra előmelegített sütőben 1 órán keresztül süsd aranybarnára és kemény tapintásúra.

Fahéjas és almás sütemény

23 cm/9-t tesz ki

100 g/4 oz/½ csésze vaj vagy margarin

100 g/4 oz/½ csésze porcukor (szuperfinom)

1 tojás, enyhén felverve

100 g/4 uncia/1 csésze liszt (minden célra)

5 ml/1 teáskanál sütőpor

30 ml/2 evőkanál tej (elhagyható)

2 nagy főző alma, meghámozva, kimagozva és felszeletelve

30 ml/2 evőkanál porcukor (szuperfinom)

5 ml/1 teáskanál őrölt fahéj

25 g/1 uncia/¼ csésze mandula, apróra vágva

30 ml/2 evőkanál demerara cukor

A vajat vagy a margarint és a cukrot habosra és könnyű habbá verjük. Fokozatosan felverjük a tojást, majd beleforgatjuk a lisztet és a sütőport. A keveréknek elég keménynek kell lennie; ha túl kemény, keverjünk hozzá egy kevés tejet. A keverék felét kivajazott és lisztezett 23 cm/9-es tortaformába (forma) öntjük. A tetejére helyezzük az almaszeleteket. Keverjük össze a cukrot és a fahéjat, és szórjuk az almára a mandulát. A tetejére kenjük a maradék torta keveréket, és megszórjuk demerara cukorral. 180°C-ra előmelegített sütőben 30-35 percig sütjük, amíg a közepébe szúrt fogpiszkáló tisztán ki nem jön.

Spanyol almás pite

23 cm/9-t tesz ki

175 g/6 uncia/¾ csésze vaj vagy margarin

6 Cox ehető (desszert) alma, meghámozva, kimagozva és szeletekre vágva

30 ml/2 evőkanál almapálinka

175 g/6 uncia/¾ csésze porcukor (szuperfinom)

150 g/5 uncia/1¼ csésze sima liszt (univerzális)

10 ml/2 teáskanál sütőpor

5 ml/1 teáskanál őrölt fahéj

3 tojás, enyhén felverve

45 ml/3 evőkanál tej

A mázhoz:

60 ml/4 evőkanál baracklekvár (tartósított), szitálva (szűrve)

15 ml/1 evőkanál almapálinka

5 ml/1 teáskanál kukoricakeményítő (kukoricakeményítő)

10 ml/2 teáskanál víz

Egy nagy serpenyőben (serpenyőben) olvasszuk fel a vajat vagy a margarint, és lassú tűzön pirítsuk 10 percig az almadarabokat, egyszer megkeverve, hogy a vajban bevonják őket. Vegyük le a tűzről. Az alma egyharmadát feldaraboljuk, és hozzáadjuk az almapálinkát, majd összedolgozzuk a cukrot, a lisztet, a sütőport és a fahéjat. Hozzáadjuk a tojást és a tejet, majd kivajazott, lisztezett, 23 cm-es tortaformába öntjük. A tetejére helyezzük a maradék almaszeleteket. 180°C-ra előmelegített sütőben 45 percig sütjük, amíg jól megkel, aranybarna nem lesz, és a tepsi falaitól zsugorodni kezd.

A máz elkészítéséhez a lekvárt és a pálinkát együtt melegítjük. A kukoricadarát a vízzel pépesre keverjük, majd a lekvárhoz és a pálinkához keverjük. Pár percig kevergetve főzzük, amíg kitisztul. Kenjük meg a forró süteményt, és hagyjuk hűlni 30 percig. Távolítsuk el a serpenyő széleit, melegítsük újra a mázat, és másodszor is kenjük át. Hagyjuk kihűlni.

Almás pite és szultánák

20 cm-es tortát készít

350 g/12 uncia/3 csésze magától kelő liszt (magától kelő)

Egy csipet só

2,5 ml/½ teáskanál őrölt fahéj

225 g/8 uncia/1 csésze vaj vagy margarin

175 g/6 uncia/¾ csésze porcukor (szuperfinom)

100 g/4 uncia/2/3 csésze szultána (arany mazsola)

450 g főzőalma, meghámozva, kimagozva és apróra vágva

2 tojás

Egy kis tej

Keverjük össze a lisztet, a sót és a fahéjat, majd dörzsöljük bele a vajat vagy a margarint, amíg zsemlemorzsára nem hasonlít. Belekeverjük a cukrot. A közepébe mélyedést készítünk, hozzáadjuk a szultánt, az almát és a tojást, és jól összekeverjük, adva hozzá egy kevés tejet, amíg a keverék megszilárdul. Kivajazott, 20/8 cm átmérőjű tortaformába öntjük, és előmelegített sütőben 180°C/350°F/gázjel 4 kb. 1½-2 órán át, amíg meg nem szilárdul. Melegen vagy hidegen tálaljuk.

Arany almás pite

23 cm/9-t tesz ki

2 étkezési (desszert) alma, meghámozva, kimagozva és vékonyra szeletelve

75 g/3 uncia/1/3 csésze puha barna cukor

45 ml/3 evőkanál mazsola

30 ml/2 evőkanál citromlé

A tortához:

200 g/7 uncia/1¾ csésze sima liszt (univerzális)

50 g/2 uncia/¼ csésze porcukor (szuperfinom)

10 ml/2 teáskanál sütőpor

5 ml/1 teáskanál szódabikarbóna (nátrium-hidrogén-karbonát)

5 ml/1 teáskanál őrölt fahéj

Egy csipet só

120 ml/4 fl oz/½ csésze tej

50 g/2 uncia/½ csésze almaszósz (szósz)

75 ml/5 evőkanál olaj

1 tojás, enyhén felverve

5 ml/1 teáskanál vanília esszencia (kivonat)

Az almát, a cukrot, a mazsolát és a citromlevet összekeverjük, és egy kivajazott 9 cm/23 cm-es tortaforma aljába rendezzük.

Keverjük össze a száraz sütemény hozzávalóit, és készítsünk egy lyukat a közepébe. Keverjük össze a tejet, az almaszószt, az olajat, a tojást és a vanília esszenciát, majd keverjük össze a száraz hozzávalókat. Öntsük a formába, és 180°C-ra előmelegített sütőben süssük 40 percig, amíg a torta aranybarna nem lesz, és el nem válik a forma szélétől. 10 percig hagyjuk hűlni a formában, majd óvatosan fordítsuk tányérra. Melegen vagy hidegen tálaljuk.

Sárgabarack pite

900 g/2 font súlyú kenyérhez

225 g/8 oz/1 csésze vaj vagy margarin, lágyítva

225 g/8 uncia/1 csésze porcukor (szuperfinom)

2 tojás, jól felverve

6 érett sárgabarack kimagozva (magozott), meghámozva és pépesítve

300 g/2¾ csésze sima liszt (univerzális)

5 ml/1 teáskanál szódabikarbóna (nátrium-hidrogén-karbonát)

Egy csipet só

75 g/3 uncia/¾ csésze mandula, apróra vágva

A vajat vagy a margarint és a cukrot habosra keverjük. Fokozatosan felverjük a tojásokat, majd hozzáadjuk a sárgabarackot. Keverjük össze a lisztet, a szódabikarbónát és a sót. Belekeverjük a diót. Kivajazott és lisztezett 900 g-os cipóformába öntjük, és előmelegített sütőben, 180°C-on, 4-es gázjelzéssel süssük 1 órán keresztül, amíg a közepébe szúrt fogpiszkáló tisztán ki nem jön. A formázás előtt hagyjuk kihűlni a formában.

Sárgabarack és gyömbéres torta

Egy 18cm/7

100 g/4 oz/1 csésze magától kelő liszt (magán kelő)

100 g/4 uncia/½ csésze puha barna cukor

10 ml/2 tk őrölt gyömbér

100 g/4 oz/½ csésze vaj vagy margarin, lágyítva

2 tojás, enyhén felverve

100 g/4 uncia/2/3 csésze fogyasztásra kész szárított sárgabarack, apróra vágva

50 g/2 uncia/1/3 csésze mazsola

A lisztet, a cukrot, a gyömbért, a vajat vagy a margarint és a tojásokat simára keverjük. Keverjük össze a sárgabarackot és a mazsolát. Öntsük a masszát egy kivajazott és lisztezett 18 cm-es tortaformába (formába), és süssük előmelegített sütőben 180 °C-on 30 percig, amíg a közepébe szúrt fogpiszkáló tisztán ki nem jön.

Brilla barackos torta

20 cm-es tortát készít

120 ml/4 fl oz/½ csésze brandy vagy rum

120 ml/4 fl oz/½ csésze narancslé

225 g/8 uncia/1 1/3 csésze kész szárított sárgabarack, apróra vágva

100 g/4 uncia/2/3 csésze szultána (arany mazsola)

175 g/6 oz/¾ csésze vaj vagy margarin, lágyítva

45 ml/3 evőkanál tiszta méz

4 tojás, szétválasztva

175 g/6 uncia/1½ csésze magától kelő liszt (magától kelő)

10 ml/2 teáskanál sütőpor

A pálinkát vagy a rumot és a narancslevet felforraljuk a sárgabarackkal és a szultánnal. Jól keverjük össze, majd vegyük le a tűzről, és hagyjuk állni, amíg kihűl. A vajat vagy a margarint és a mézet habosra keverjük, majd fokozatosan beleforgatjuk a tojássárgáját. Belekeverjük a lisztet és a sütőport. A tojásfehérjét kemény habbá verjük, majd óvatosan a masszához forgatjuk. Kivajazott és lisztezett 20 cm-es tortaformába öntjük, és előmelegített sütőben 180°C-on 1 órán át sütjük, amíg a közepébe szúrt fogpiszkáló tisztán ki nem jön. A formában hagyjuk kihűlni.

Banán torta

23x33cm/9x13 tortát készít

4 érett banán, pépesítve

2 tojás, enyhén felverve

350 g/12 uncia/1½ csésze porcukor (szuperfinom)

120 ml/4 fl uncia/½ csésze olaj

5 ml/1 teáskanál vanília esszencia (kivonat)

50 g/2 oz/½ csésze apróra vágott vegyes dió

225 g/8 uncia/2 csésze sima liszt (minden célra)

10 ml/2 teáskanál szódabikarbóna (nátrium-hidrogén-karbonát)

5 ml/1 teáskanál só

A banánt, a tojást, a cukrot, az olajat és a vaníliát habosra keverjük. Hozzáadjuk a többi hozzávalót, és addig keverjük, amíg el nem keveredik. Egy 23 x 33 cm-es/9 x 13 cm-es tortaformába öntjük, és előmelegített sütőben 180°C-on, 4-es gázjelzéssel 45 percig sütjük, amíg a közepébe szúrt fogpiszkáló tisztán ki nem jön.

Ropogós banántorta

23 cm/9-t tesz ki

100 g/4 oz/½ csésze vaj vagy margarin, lágyítva

300 g/11 uncia/11/3 csésze porcukor (szuperfinom)

2 tojás, enyhén felverve

175 g/6 uncia/1½ csésze liszt (univerzális)

2,5 ml/½ teáskanál só

1,5 ml/½ teáskanál reszelt szerecsendió

5 ml/1 teáskanál szódabikarbóna (nátrium-hidrogén-karbonát)

75 ml/5 evőkanál tej

Néhány csepp vanília esszencia (kivonat)

4 banán, pépesítve

A töltelékhez:

50 g/2 uncia/¼ csésze demerara cukor

50 g/2 uncia/2 csésze kukoricapehely, zúzott

2,5 ml/½ teáskanál őrölt fahéj

25 g/1 uncia/2 evőkanál vaj vagy margarin

A vajat vagy a margarint és a cukrot habosra keverjük. Fokozatosan felverjük a tojásokat, majd hozzákeverjük a lisztet, a sót és a szerecsendiót. A szódabikarbónát elkeverjük a tejjel és a vanília esszenciával, és a banános keverékhez adjuk. Kivajazott és lisztezett 23 cm/9 négyzet alakú tortaformába (forma) öntjük.

Az öntethez keverjük össze a cukrot, a kukoricapelyhet és a fahéjat, majd dörzsöljük bele a vajat vagy a margarint. Megszórjuk a süteményt, és előmelegített sütőben 180°C/350°F/gázjel 4 45 percig süsd, amíg meg nem szilárdul.

Banán szivacs

23 cm/9-t tesz ki

100 g/4 oz/½ csésze vaj vagy margarin, lágyítva

100 g/4 oz/½ csésze porcukor (szuperfinom)

2 tojás, felvert

2 nagy érett banán, pépesítve

225 g/8 oz/1 csésze magától kelő liszt (magától kelő)

45 ml/3 evőkanál tej

A töltelékhez és a töltelékhez:
225 g/8 oz/1 csésze krémsajt

30 ml/2 evőkanál tejföl (tejföl)

100 g/4 uncia szárított banán chips

A vajat vagy a margarint és a cukrot habosra és könnyű habbá verjük. Fokozatosan adjuk hozzá a tojást, majd keverjük hozzá a banánt és a lisztet. Addig keverjük hozzá a tejet, amíg folyós állagot nem kapunk. Kivajazott és lisztezett 9 cm-es tortaformába öntjük, és előmelegített sütőben 180 °C-on, 4-es gázjelzéssel kb. 30 percig sütjük, amíg a közepébe szúrt fogpiszkáló tisztán ki nem jön. Rácsra öntjük és hagyjuk kihűlni, majd vízszintesen kettévágjuk.

Az öntethez a krémsajtot és a tejfölt habosra keverjük, majd a keverék felével a torta két felét összetekerjük. A maradék keveréket elosztjuk a tetején, és banánszeletekkel díszítjük.

Magas rosttartalmú banántorta

Egy 18cm/7

100 g/4 oz/½ csésze vaj vagy margarin, lágyítva

50 g/2 uncia/¼ csésze puha barna cukor

2 tojás, enyhén felverve

100 g/4 uncia/1 csésze teljes kiőrlésű búzaliszt (teljes kiőrlésű)

10 ml/2 teáskanál sütőpor

2 banán, pépesítve

A töltelékhez:

225 g/8 oz/1 csésze túró (sima túró)

5 ml/1 teáskanál citromlé

15 ml/1 evőkanál tiszta méz

1 banán, szeletelve

Porcukor (tésztához) átszitáljuk a porozáshoz

A vajat vagy a margarint és a cukrot habosra és könnyű habbá verjük. Fokozatosan felverjük a tojásokat, majd hozzáadjuk a lisztet és a sütőport. Finoman beleforgatjuk a banánt. Öntsük a keveréket két kivajazott és bélelt 18 cm/7-es tortaformába (formába), és süssük az előmelegített sütőben 30 percig, amíg megszilárdul. Hagyjuk kihűlni.

A töltelékhez keverjük össze a krémsajtot, a citromlevet és a mézet, és kenjük rá az egyik süteményre. Rendezzük rá a banánszeleteket, majd fedjük be a második tortával. Porcukorral meghintve tálaljuk.

Citromos banán torta

Egy 18cm/7

100 g/4 oz/½ csésze vaj vagy margarin, lágyítva

175 g/6 uncia/¾ csésze porcukor (szuperfinom)

2 tojás, enyhén felverve

225 g/8 uncia/2 csésze magától kelő liszt (magától kelő)

2 banán, pépesítve

        A töltelékhez és a töltelékhez:
75 ml/5 evőkanál citromtúró

2 banán, szeletelve

45 ml/3 evőkanál citromlé

100 g/4 oz/2/3 csésze porcukor (cukrászsütemények), átszitálva

A vajat vagy a margarint és a cukrot habosra és könnyű habbá verjük. Fokozatosan habosra keverjük a tojásokat, minden hozzáadás után jól felverjük, majd hozzákeverjük a lisztet és a banánt. Öntse a keveréket két kivajazott és bélelt 18 cm-es/7 cm-es szendvicsformába, és előmelegített sütőben 180°C/350°F/gáz jelzés 4 30 percig süsse. Kivesszük a sütőből és hagyjuk kihűlni.

A tortákat a citromos túróval és a banánszeletek felével együtt szendvicsre tesszük. A maradék banánszeleteket meglocsoljuk 15 ml/1 evőkanál citromlével. A maradék citromlevet keverjük össze a porcukorral, hogy kemény mázat (mázat) kapjunk. A habot rákenjük a tortára, és banánszeletekkel díszítjük.

Csokoládé torta banán turmixgéppel

20 cm-es tortát készít

225 g/8 uncia/2 csésze magától kelő liszt (magától kelő)

2,5 ml/½ teáskanál sütőpor

40 g/1½ oz/3 evőkanál ivócsokoládépor

2 tojás

60 ml/4 evőkanál tej

150 g/5 uncia/2/3 csésze porcukor (szuperfinom)

100 g/4 oz/½ csésze lágy margarin

2 érett banán, apróra vágva

Keverjük össze a lisztet, a sütőport és az ivócsokoládét. Keverje össze a többi hozzávalót egy turmixgépben vagy konyhai robotgépben körülbelül 20 másodpercig: a keverék alvósnak tűnik. Öntsük a száraz hozzávalókhoz és jól keverjük össze. Kivajazott és lisztezett 20 cm-es tortaformába tesszük, és előmelegített sütőben 180°C-on, 4-es gázjelzéssel kb. 1 órán át sütjük, amíg a közepébe szúrt fogpiszkáló tisztán ki nem jön. Hűtőrácsra öntjük.

Banános mogyorós pite

900 g/2 font süteményhez

275 g/10 uncia/2½ csésze liszt (univerzális)

225 g/8 uncia/1 csésze porcukor (szuperfinom)

100 g/4 oz/1 csésze földimogyoró, apróra vágva

15 ml/1 evőkanál sütőpor

Egy csipet só

2 tojás, szétválasztva

6 banán, pépesítve

1 kis citrom reszelt héja és leve

50 g/2 oz/¼ csésze vaj vagy margarin, olvasztott

Keverjük össze a lisztet, a cukrot, a diót, a sütőport és a sót. Verjük fel a tojássárgáját, és adjuk hozzá a keverékhez a banánnal, a citrom héjával és levével, valamint a vajjal vagy margarinnal. A tojásfehérjét verjük kemény habbá, majd keverjük a masszához. Kivajazott, 900 g-os tortaformába öntjük, és előmelegített sütőben 180°C-on, 4-es gázjellel süssük 1 órán keresztül, amíg a közepébe szúrt fogpiszkáló tisztán ki nem jön.

Banán mazsola pite

900 g/2 font süteményhez

450 g érett banán, pépesítve

50 g/2 oz/½ csésze apróra vágott vegyes dió

120 ml/4 fl oz/½ csésze napraforgóolaj

100 g/4 uncia/2/3 csésze mazsola

75 g/3 uncia/¾ csésze hengerelt zab

150 g/5 uncia/1¼ csésze teljes kiőrlésű búzaliszt (teljes kiőrlésű)

1,5 ml/¼ teáskanál mandula esszencia (kivonat)

Egy csipet só

Keverje össze az összes összetevőt, amíg lágy és nedves keveréket nem kap. Öntsük egy kivajazott és kibélelt 900 g-os cipóformába (sütőformába), és süssük előmelegített sütőben 190 °C-on 1 órán keresztül, amíg aranybarna nem lesz, és a közepébe szúrt fogpiszkáló tisztán ki nem jön. A formázás előtt hagyjuk hűlni a serpenyőben 10 percig.

Banán és whisky torta

Egy 25 cm-es pitét készít

225 g/8 oz/1 csésze vaj vagy margarin, lágyítva

450 g/1 font/2 csésze puha barna cukor

3 érett banán, pépesítve

4 tojás, enyhén felverve

175 g/6 uncia/1½ csésze pekándió, durvára vágva

225 g/8 uncia/11/3 csésze szultána (arany mazsola)

350 g sima liszt (minden célra)

15 ml/1 evőkanál sütőpor

5 ml/1 teáskanál őrölt fahéj

2,5 ml/½ teáskanál őrölt gyömbér

2,5 ml/½ teáskanál reszelt szerecsendió

150 ml/¼ pint/2/3 csésze whisky

A vajat vagy a margarint és a cukrot habosra és könnyű habbá verjük. Belekeverjük a banánt, majd fokozatosan beleütjük a tojásokat. A diót és a szultánt egy nagy kanál liszttel elkeverjük, majd egy külön tálban a maradék lisztet a sütőporral és a fűszerekkel elkeverjük. A tejszínes masszába keverjük a lisztet, felváltva a whiskyvel. Hozzákeverjük a diót és a szultánt. Öntsük a keveréket egy kiolajozott, 25 cm/10-es tortaformába (forma), és süssük előmelegített sütőben 180°C/350°F/gázjelzés 4-es hőmérsékleten 1¼ órán keresztül, amíg rugalmas tapintású lesz. Hagyja hűlni a serpenyőben 10 percig, mielőtt rácsra bontja a teljes kihűléshez.

Áfonyás pite

23 cm/9-t tesz ki

175 g/6 uncia/¾ csésze porcukor (szuperfinom)

60 ml/4 evőkanál olaj

1 tojás, enyhén felverve

120 ml/4 fl oz/½ csésze tej

225 g/8 uncia/2 csésze sima liszt (minden célra)

10 ml/2 teáskanál sütőpor

2,5 ml/½ teáskanál só

225 g/8 uncia áfonya

A töltelékhez:

50 g/2 oz/¼ csésze vaj vagy margarin, olvasztott

100 g/4 oz/½ csésze kristálycukor

50 g/2 uncia/¼ csésze sima liszt (univerzális)

2,5 ml/½ teáskanál őrölt fahéj

Keverjük hozzá a cukrot, az olajat és a tojást, amíg jól el nem keveredik és tiszta lesz. Hozzákeverjük a tejet, majd a lisztet, a sütőport és a sót. Belekeverjük az áfonyát. A masszát kivajazott és lisztezett 9cm/23cm-es tortaformába öntjük. Az öntet hozzávalóit összekeverjük és a masszára szórjuk. 190°C-ra előmelegített sütőben 50 percig sütjük, amíg a közepébe szúrt fogpiszkáló tisztán ki nem jön. Forrón tálaljuk.

Cseresznye torta

900 g/2 font süteményhez

175 g/6 oz/¾ csésze vaj vagy margarin, lágyítva

175 g/6 uncia/¾ csésze porcukor (szuperfinom)

3 tojás, felvert

225 g/8 uncia/2 csésze sima liszt (minden célra)

2,5 ml/½ teáskanál sütőpor

100 g/4 uncia/2/3 csésze szultána (arany mazsola)

150 g/5 uncia/2/3 csésze glacé (kandírozott) cseresznye, negyedelve

225 g/8 oz friss cseresznye, kimagozva (kimagozva) és felezve

30 ml/2 evőkanál baracklekvár (tartósított)

Verjük habosra a vajat vagy a margarint, majd keverjük hozzá a cukrot. Keverjük össze a tojásokat, majd a lisztet, a sütőport, a mazsolát és a mázas meggyet. Kivajazott, 900 g-os cipóformába öntjük, és előmelegített sütőben 160°C-on, 3-as gázjellel süssük 2,5 órán keresztül. Hagyja a formában 5 percig, majd fordítsa rácsra a teljes kihűléshez.

A meggyet sorban elrendezzük a torta tetején. A baracklekvárt egy lábosban felforraljuk, majd átszitáljuk és a torta felületét megkenjük, hogy megkenjük.

Cseresznye és kókusz torta

20 cm-es tortát készít

350 g/12 uncia/3 csésze magától kelő liszt (magától kelő)

175 g/6 uncia/¾ csésze vaj vagy margarin

225 g/8 oz/1 csésze glacé (kandírozott) cseresznye, negyedelve

100 g/4 oz/1 csésze szárított kókuszdió (aprított)

175 g/6 uncia/¾ csésze porcukor (szuperfinom)

2 nagy tojás, enyhén felverve

200 ml / 7 fl oz / kevés 1 csésze tej

Helyezze a lisztet egy tálba, és dörzsölje bele a vajat vagy a margarint, amíg zsemlemorzsa nem lesz. A meggyet a kókuszban forgatjuk, majd hozzáadjuk a cukros keverékhez, és enyhén elkeverjük. Adjuk hozzá a tojást és a tej nagy részét. Jól felverjük, ha szükséges még tejet adunk hozzá, hogy sima, folyós állagot kapjunk. Kivajazott és kibélelt 20 cm-es tortaformába forgatjuk. 180°C-ra előmelegített sütőben 1,5 órán át sütjük, amíg a közepébe szúrt fogpiszkáló tisztán ki nem jön.

Cseresznye és szultán torta

900 g/2 font süteményhez

100 g/4 oz/½ csésze vaj vagy margarin, lágyítva

100 g/4 oz/½ csésze porcukor (szuperfinom)

3 tojás, enyhén felverve

100 g/4 oz/½ csésze glacé (kandírozott) cseresznye

350 g/12 uncia/2 csésze szultána (arany mazsola)

175 g/6 uncia/1½ csésze liszt (univerzális)

Egy csipet só

A vajat vagy a margarint és a cukrot habosra és könnyű habbá verjük. Fokozatosan adjuk hozzá a tojásokat. A meggyet és a szultánokat kevés lisztbe forgatjuk, hogy megporozzuk, majd a maradék lisztet a sóval elkeverjük. Keverjük össze a cseresznyét és a szultánt. Öntsük a keveréket egy kivajazott és kibélelt 900 g-os tepsibe, és süssük előmelegített sütőben 160°C/325°F/gáz jelzés 3-ra 1,5 órán keresztül, amíg a közepébe szúrt fogpiszkáló tisztán ki nem jön.

Cseresznye és dió torta

Egy 18cm/7

100 g/4 oz/½ csésze vaj vagy margarin, lágyítva

100 g/4 oz/½ csésze porcukor (szuperfinom)

2 tojás, enyhén felverve

15 ml/1 evőkanál tiszta méz

150 g/5 oz/1¼ csésze magától kelő liszt (magától kelő)

5 ml/1 teáskanál sütőpor

Egy csipet só

Díszítéshez:

225 g/8 uncia/11/3 csésze porcukor (cukrászáruk), szitálva

30 ml/2 evőkanál víz

Néhány csepp piros ételfesték

4 mázas (kandírozott) cseresznye, félbevágva

4 fél dió

A vajat vagy a margarint és a cukrot habosra és könnyű habbá verjük. Fokozatosan keverjük hozzá a tojást és a mézet, majd keverjük hozzá a lisztet, a sütőport és a sót. Öntsük a keveréket kivajazott és lisztezett 18 cm-es tortaformába (formaformába), és 190°C-ra előmelegített sütőben süssük 20 percig, amíg jól megkel és tapintásra szilárd lesz. Hagyjuk kihűlni.

A porcukrot egy tálba tesszük, és fokozatosan felverjük annyi vízzel, hogy kenhető mázt (mázat) kapjunk. Osszuk el a torta tetejének nagy részét. Színezd ki a maradék cukormázt néhány csepp ételfestékkel, ha ettől túl híg lesz, adj hozzá még egy kis porcukrot. Csorgassuk vagy öntsük a piros cukormázzal a tortát, hogy szeletekre osszuk, majd díszítsük a cseresznyével és a dióval.

Damson torta

20 cm-es tortát készít

100 g/4 oz/½ csésze vaj vagy margarin, lágyítva

75 g/3 uncia/1/3 csésze puha barna cukor

2 tojás, enyhén felverve

225 g/8 uncia/2 csésze magától kelő liszt (magától kelő)

450 g/1 font szilva, kimagozva (kimagozva) és felezve

50 g/2 oz/½ csésze apróra vágott vegyes dió.

A vajat vagy a margarint és a cukrot habosra verjük, majd fokozatosan hozzáadjuk a tojásokat, minden hozzáadás után jól felverve. Hozzákeverjük a lisztet és a damsonokat. A masszát kivajazott és kibélelt 20 cm/8-as tortaformába (forma) öntjük, és megszórjuk a dióval. Előmelegített sütőben 190°C/375°F/gáz jelzés 5 45 percig süsd, amíg meg nem szilárdul. Hagyja hűlni a serpenyőben 10 percig, mielőtt rácsra bontja a teljes kihűléshez.

Datolya és diótorta

23 cm/9-t tesz ki

300 ml/½ pt/1¼ csésze forrásban lévő víz

225 g/8 uncia/11/3 csésze datolya, kimagozva (kimagozva) és apróra vágva

5 ml/1 teáskanál szódabikarbóna (nátrium-hidrogén-karbonát)

75 g/3 uncia/1/3 csésze vaj vagy margarin, lágyítva

225 g/8 uncia/1 csésze porcukor (szuperfinom)

1 tojás, felvert

275 g/10 uncia/2½ csésze liszt (univerzális)

Egy csipet só

2,5 ml/½ teáskanál sütőpor

50 g/2 oz/½ csésze dió, apróra vágva

A töltelékhez:

50 g/2 uncia/¼ csésze puha barna cukor

25 g/1 uncia/2 evőkanál vaj vagy margarin

30 ml/2 evőkanál tej

Néhány fél dió a díszítéshez

A vizet, a datolyát és a szódabikarbónát egy tálba tesszük, és 5 percig pihentetjük. A vajat vagy a margarint és a cukrot habosra keverjük, majd hozzáforgatjuk a tojást a vízzel és a datolyával. A lisztet, a sót és a sütőport összekeverjük, majd a diós masszához forgatjuk. Kivajazott és lisztezett 9 cm-es tortaformába (sütőformába) forgatjuk, és előmelegített sütőben 180 °C-on, 4-es gázjelzéssel 1 órán át sütjük, amíg megszilárdul. Hűtsük le rácson.

Az öntet elkészítéséhez a cukrot, a vajat és a tejet simára keverjük. A tortára kenjük, diófélékkel díszítjük.

Citromos torta

20 cm-es tortát készít

175 g/6 oz/¾ csésze vaj vagy margarin, lágyítva

175 g/6 uncia/¾ csésze porcukor (szuperfinom)

2 tojás, felvert

225 g/8 uncia/2 csésze magától kelő liszt (magától kelő)

1 citrom leve és reszelt héja

60 ml/4 evőkanál tej

Habosra keverjük a vajat vagy a margarint és a 100 g/4 uncia/½ csésze cukrot. Apránként hozzáadjuk a tojásokat, majd beledolgozzuk a lisztet és a reszelt citromhéjat. Keverjünk hozzá annyi tejet, hogy sima állagot kapjunk. A masszát kivajazott és lisztezett 20 cm-es tortaformába öntjük, és előmelegített sütőben 180°C-on 1 órán át sütjük, amíg megkel és aranybarna nem lesz. A maradék cukrot feloldjuk a citromlében. Az összes forró süteményt villával megszurkáljuk, és ráöntjük a lé keveréket. Hagyjuk kihűlni.

Narancsos és mandulás torta

20 cm-es tortát készít

4 tojás, szétválasztva

100 g/4 oz/½ csésze porcukor (szuperfinom)

1 narancs reszelt héja

50 g/2 uncia/½ csésze mandula, finomra vágva

50 g/2 uncia/½ csésze őrölt mandula

A sziruphoz:

100 g/4 oz/½ csésze porcukor (szuperfinom)

300 ml/½ pt/1¼ csésze narancslé

15 ml/1 evőkanál narancslikőr (elhagyható)

1 fahéjrúd

A tojássárgáját, a cukrot, a narancshéjat, a mandulát és az őrölt mandulát habosra keverjük. A tojásfehérjét verjük kemény habbá, majd keverjük a masszához. Kivajazott és lisztezett 20 cm-es tortaformába (formába) öntjük, és 180°C-ra előmelegített sütőben 45 perc alatt megsütjük, amíg megszilárdul. Mindent megszurkálunk egy fogpiszkálóval, és hagyjuk kihűlni.

Közben a narancslében és a likőrben feloldjuk a cukrot, ha használunk, lassú tűzön a fahéjrúddal, időnként megkeverve. Felforraljuk, és addig forraljuk, amíg vékony szirupppá nem válik. Dobja el a fahéjat. A forró szirupot ráöntjük a süteményre, és hagyjuk ázni.

Angyal torta

23 cm/9-t tesz ki

75 g/3 uncia/¾ csésze sima liszt (univerzális)

25 g/1 uncia/2 evőkanál kukoricakeményítő (kukoricakeményítő)

Egy csipet só

225 g/8 uncia/1 csésze porcukor (szuperfinom)

10 tojásfehérje

1 evőkanál citromlé

1 teáskanál tejszín fogkő

1 teáskanál vanília esszencia (kivonat)

A liszteket és a sót összekeverjük a cukor negyedével, és jól átszitáljuk. Verjük habosra a tojásfehérjék felét a fél citromlével. Hozzáadjuk a tartár tejszín felét és egy teáskanál cukrot, és kemény habbá verjük. Ismételjük meg a maradék tojásfehérjével, majd forgassuk bele, és fokozatosan forgassuk bele a maradék cukrot és a vanília esszenciát. Nagyon fokozatosan keverjük a lisztes keveréket a tojásfehérjéhez. Kivajazott, 9 cm-es/23 cm-es rugós formába öntjük, és előmelegített sütőben, 180°C-on, 4-es gázjelzéssel süssük 45 percig, amíg megszilárdul. Fordítsa a formát rácsra, és hagyja kihűlni a formában, mielőtt kibontja.

Szeder torta

Egy 18cm/7

175 g/6 oz/¾ csésze vaj vagy margarin, lágyítva

175 g/6 uncia/¾ csésze porcukor (szuperfinom)

3 tojás, felvert

175 g/6 uncia/1½ csésze magától kelő liszt (magától kelő)

5 ml/1 teáskanál vanília esszencia (kivonat)

300 ml/½ pt/1¼ csésze dupla tejszín (nehéz)

225 g/8 uncia szeder

A vajat vagy a margarint és a cukrot habosra és könnyű habbá verjük. Fokozatosan felverjük a tojásokat, majd hozzáadjuk a lisztet és a vanília esszenciát. Két kivajazott és kibélelt 18 cm-es tortaformába (formába) öntjük, és előmelegített sütőben 190°C-on 25 percig sütjük, amíg rugalmas tapintású lesz. Hagyjuk kihűlni.

A tejszínt kemény habbá verjük. A felét rákenjük az egyik süteményre, ráhelyezzük a szedret, és ráöntjük a maradék krémet. Fedjük be a második tortával és tálaljuk.

Vajas torta

23 cm/9-t tesz ki

225 g/8 oz/1 csésze vaj vagy margarin, lágyítva

450 g/1 font/2 csésze porcukor (szuperfinom)

5 tojás, szétválasztva

250 ml/8 fl oz/1 csésze natúr joghurt

400 g/14 uncia/3½ csésze liszt (univerzális)

10 ml/2 teáskanál sütőpor

Egy csipet só

A vajat vagy a margarint és a cukrot habosra és könnyű habbá verjük. Fokozatosan hozzákeverjük a tojássárgáját és a joghurtot, majd a lisztet, a sütőport és a sót. A tojásfehérjét kemény habbá verjük, majd fémkanállal óvatosan a masszához forgatjuk. Kivajazott, 9 cm-es/23 cm-es tortaformába (sütőformába) öntjük, és előmelegített sütőben, 180°C-on, 45 perc alatt aranybarnára és rugalmas tapintásúra sütjük. Hagyja hűlni a serpenyőben 10 percig, majd fordítsa rácsra a teljes kihűléshez.

Minden az egyben kávés piskóta

20 cm-es tortát készít

100 g/4 oz/½ csésze vaj vagy margarin, lágyítva

100 g/4 oz/½ csésze porcukor (szuperfinom)

100 g/4 oz/1 csésze magától kelő liszt (magán kelő)

2,5 ml/½ teáskanál sütőpor

15 ml/1 evőkanál instant kávépor, 10 ml/2 tk forró vízben feloldva

2 tojás

Az összes hozzávalót jól keverjük össze. Kivajazott és kibélelt 20 cm-es tortaformába öntjük, és előmelegített sütőben 180°C-on 30 percig sütjük, amíg jól megkel és rugalmas tapintású lesz.

Cseh piskóta

15 x 25 cm/10 x 6 méretű tortát készít

350 g sima liszt (minden célra)

100 g/4 oz/2/3 csésze porcukor (cukrászsütemények), átszitálva

100 g/4 oz/1 csésze darált mogyoró vagy mandula

15 ml/1 evőkanál sütőpor

150 ml/¼ pt/2/3 csésze tej

2 tojás, enyhén felverve

250 ml/8 fl oz/1 csésze napraforgóolaj

225 g/8 oz friss gyümölcs

A mázhoz:

400 ml/14 fl uncia/1¾ csésze gyümölcslé

20 ml/4 teáskanál nyílgyökér

Keverjük össze a száraz hozzávalókat. A tejet, a tojást és az olajat összekeverjük, majd a masszához adjuk. Kivajazott, 15 x 25 cm-es/6 x 10 cm-es tortaformába öntjük, és előmelegített sütőben 180 °C-on, 4-es gázjelzéssel kb. 35 percig sütjük, amíg megszilárdul. Hagyjuk kihűlni.

A piskótalapon elrendezzük a gyümölcsöt. A gyümölcslevet és a nyílgyökeret összeforraljuk, kevergetve sűrűsödésig, majd a mázat a torta tetejére öntjük.

Egyszerű mézes sütemény

20 cm-es tortát készít

100 g/4 oz/½ csésze vaj vagy margarin, lágyítva

25 g/1 uncia/2 evőkanál kristálycukor (szuperfinom)

60 ml/4 evőkanál tiszta méz

2 tojás, enyhén felverve

175 g/6 uncia/1½ csésze magától kelő liszt (magától kelő)

2,5 ml/½ teáskanál sütőpor

5 ml/1 teáskanál őrölt fahéj

15 ml/1 evőkanál víz

Az összes hozzávalót addig keverjük, amíg sima, folyós állagot nem kapunk. Kivajazott és kibélelt 20 cm-es tortaformába öntjük, és előmelegített sütőben 190°C-on, 5-ös gázjelzéssel 30 percig sütjük, amíg jól megkel és rugalmas tapintású lesz.

Citromos szivacs egyben

20 cm-es tortát készít

100 g/4 oz/½ csésze vaj vagy margarin, lágyítva

100 g/4 oz/½ csésze porcukor (szuperfinom)

100 g/4 oz/1 csésze magától kelő liszt (magán kelő)

2,5 ml/½ teáskanál sütőpor

1 citrom reszelt héja

15 ml/1 evőkanál citromlé

2 tojás

Az összes hozzávalót jól keverjük össze. Kivajazott és kibélelt 20 cm-es tortaformába öntjük, és előmelegített sütőben 180°C-on 30 percig sütjük, amíg jól megkel és rugalmas tapintású lesz.

Citromos torta

Egy 25 cm-es pitét készít

225 g/8 uncia/2 csésze magától kelő liszt (magától kelő)

15 ml/1 evőkanál sütőpor

5 ml/1 teáskanál só

350 g/12 uncia/1½ csésze porcukor (szuperfinom)

7 tojás, szétválasztva

120 ml/4 fl uncia/½ csésze olaj

175 ml/6 fl uncia/¾ csésze víz

10 ml/2 teáskanál reszelt citromhéj

5 ml/1 teáskanál vanília esszencia (kivonat)

2,5 ml/½ teáskanál tartárkrém

A lisztet, sütőport, sót és cukrot összekeverjük, és mélyedést készítünk a közepébe. A tojássárgáját, az olajat, a vizet, a citromhéjat és a vanília esszenciát összekeverjük, majd a száraz hozzávalókhoz keverjük. A tojásfehérjét és a tartártejszínt kemény habbá verjük. Belekeverjük a süteménykeverékbe. Kizsírozott, 25 cm-es tortaformába (formába) öntjük, és előmelegített sütőben 160°C-on, 3-as gázjelzéssel 1 órán át sütöm. Kapcsolja ki a sütőt, de hagyja a süteményt további 8 percig. Vegyük ki a sütőből, és fordítsuk rácsra a teljes kihűléshez.

Citromos torta

900 g/2 font süteményhez

100 g/4 oz/½ csésze vaj vagy margarin, lágyítva

175 g/6 uncia/¾ csésze porcukor (szuperfinom)

2 tojás, enyhén felverve

175 g/6 uncia/1½ csésze magától kelő liszt (magától kelő)

60 ml/4 evőkanál tej

1 citrom reszelt héja

A sziruphoz:

60 ml/4 ek porcukor (cukrászipari), átszitált

45 ml/3 evőkanál citromlé

A vajat vagy a margarint és a cukrot habosra és könnyű habbá verjük. Fokozatosan hozzáadjuk a tojást, majd a lisztet, a tejet és a citromhéjat, és addig keverjük, amíg lágy, folyós állagot nem kapunk. Kiolajozott és kibélelt 900 g-os tepsibe öntjük, és 180°C-ra előmelegített sütőben 45 percig sütjük, amíg rugalmas tapintású lesz.

A porcukrot és a citromlevet összekeverjük, és a frissen sült süteményre öntjük. A formában hagyjuk kihűlni.

Citromos és vaníliás torta

900 g/2 font süteményhez

225 g/8 oz/1 csésze vaj vagy margarin, lágyítva

450 g/1 font/2 csésze porcukor (szuperfinom)

4 tojás, szétválasztva

350 g sima liszt (minden célra)

10 ml/2 teáskanál sütőpor

200 ml / 7 fl oz / kevés 1 csésze tej

2,5 ml/½ teáskanál citromesszencia (kivonat)

2,5 ml/½ teáskanál vanília esszencia (kivonat)

A vajat és a cukrot habosra keverjük, majd beleforgatjuk a tojássárgáját. A lisztet és a sütőport a tejjel felváltva keverjük össze. Hozzákeverjük a citrom- és vaníliaesszenciát. A tojásfehérjéket kemény habbá verjük, majd óvatosan a masszához forgatjuk. Tegye egy kivajazott, 900 g-os cipóformába, és süsse előmelegített sütőben 150°C-on 1¼ órán keresztül, amíg aranybarna és rugalmas tapintású lesz.

Madeira torta

Egy 18cm/7

175 g/6 oz/¾ csésze vaj vagy margarin, lágyítva

175 g/6 uncia/¾ csésze porcukor (szuperfinom)

3 nagy tojás

150 g/5 oz/1¼ csésze magától kelő liszt (magától kelő)

100 g/4 uncia/1 csésze liszt (minden célra)

Egy csipet só

½ citrom reszelt héja és leve

A vajat vagy a margarint és a cukrot habosra és habosra keverjük. Egyenként adjuk hozzá a tojásokat, az egyes adagolások között jól felverjük. Hozzákeverjük a többi hozzávalót. Kivajazott és lisztezett 18 cm/7-es tortaformába (forma) öntjük és a felületét elsimítjuk. Előmelegített sütőben 160°C/325°F/gázjel 3 1-1¼ órán keresztül süsd aranybarnára és rugalmas tapintásúra. Hagyja hűlni a serpenyőben 5 percig, mielőtt kibontja rácsra a teljes kihűlés érdekében.

Margherita torta

20 cm-es tortát készít

4 tojás, szétválasztva

15 ml/1 evőkanál kristálycukor (szuperfinom)

175 g/6 uncia/1½ csésze liszt (univerzális)

100 g/4 uncia/1 csésze burgonyakeményítő

2,5 ml/½ teáskanál vanília esszencia (kivonat)

25 g/1 uncia/3 evőkanál porcukor (cukrászok), átszitálva

A tojássárgáját és a cukrot addig verjük, amíg könnyű és krémes masszát nem kapunk. Fokozatosan keverjük hozzá a lisztet, a keményítőt és a vanília esszenciát. A tojásfehérjét kemény habbá verjük, és a masszához keverjük. A masszát kivajazott és lisztezett 20 cm-es tortaformába (forma) öntjük, és 200°C-ra előmelegített sütőben, 6-os gázjelzéssel, mindössze 5 percig sütöm. A süteményt kivesszük a sütőből, és éles késsel keresztet húzunk a felületére, majd a lehető leggyorsabban visszatesszük a sütőbe, és további 5 percig sütjük. Csökkentse a sütő hőmérsékletét 180°C/350°F/gázjel 4-re, és süsse további 25 percig, amíg jól megkel és aranybarna nem lesz. Hagyjuk kihűlni, majd porcukorral meghintve tálaljuk.

Forró tejes torta

23 cm/9-t tesz ki

4 tojás, enyhén felverve

5 ml/1 teáskanál vanília esszencia (kivonat)

450 g/1 font/2 csésze porcukor

225 g/8 uncia/2 csésze magától kelő liszt (magától kelő)

10 ml/2 teáskanál sütőpor

2,5 ml/½ teáskanál só

250 ml/8 fl oz/1 csésze tej

25 g/1 uncia/2 evőkanál vaj vagy margarin

A tojást, a vanília esszenciát és a cukrot addig verjük, amíg könnyű és habos nem lesz. Fokozatosan hozzákeverjük a lisztet, a sütőport és a sót. Egy serpenyőben forraljuk fel a tejet és a vajat vagy margarint, majd adjuk hozzá a keverékhez, és jól keverjük össze. Kivajazott és lisztezett 9 cm-es tortaformába öntjük, és előmelegített sütőben 180 °C-on 40 perc alatt aranybarnára és rugalmas tapintásúra sütjük.

Tejes piskóta

20 cm-es tortát készít

150 ml/¼ pt/2/3 csésze tej

3 tojás

175 g/6 uncia/¾ csésze porcukor (szuperfinom)

5 ml/1 teáskanál citromlé

350 g sima liszt (minden célra)

5 ml/1 teáskanál sütőpor

Egy serpenyőben felforrósítjuk a tejet. A tojásokat egy tálban kemény habbá verjük, majd hozzáadjuk a cukrot és a citromlevet. Öntsük bele a lisztet és a sütőport, majd fokozatosan keverjük simára a meleg tejjel. Kivajazott 20/8 cm-es tortaformába (formaformába) öntjük, és előmelegített sütőben 180°C-on 20 percig sütjük, amíg jól megkel és rugalmas tapintású lesz.

Minden az egyben moka szivacs

20 cm-es tortát készít

100 g/4 oz/½ csésze vaj vagy margarin, lágyítva

100 g/4 oz/½ csésze porcukor (szuperfinom)

100 g/4 oz/1 csésze magától kelő liszt (magán kelő)

2,5 ml/½ teáskanál sütőpor

15 ml/1 evőkanál instant kávépor, 10 ml/2 tk forró vízben feloldva

15 ml/1 evőkanál kakaópor (cukrozatlan csokoládé).

2 tojás

Az összes hozzávalót jól keverjük össze. Kivajazott és kibélelt 20 cm-es tortaformába öntjük, és előmelegített sütőben 180°C-on 30 percig sütjük, amíg jól megkel és rugalmas tapintású lesz.

Moscato torta

Egy 18cm/7

175 g/6 oz/¾ csésze vaj vagy margarin, lágyítva

175 g/6 uncia/¾ csésze porcukor (szuperfinom)

3 tojás

30 ml/2 evőkanál Moscatel édes bor

225 g/8 uncia/2 csésze sima liszt (minden célra)

10 ml/2 teáskanál sütőpor

A vajat vagy a margarint és a cukrot habosra verjük, majd fokozatosan hozzáforgatjuk a tojást és a bort. Hozzákeverjük a lisztet és a sütőport, és simára keverjük. Kivajazott és lisztezett 18 cm-es tortaformába (sütőformába) öntjük, és előmelegített sütőben 180 °C-on 1¼ órán keresztül aranybarnára és rugalmas tapintásúra sütjük. Hagyja hűlni a serpenyőben 5 percig, majd fordítsa rácsra a teljes kihűléshez.

Minden az egyben narancssárga szivacs

20 cm-es tortát készít

100 g/4 oz/½ csésze vaj vagy margarin, lágyítva

100 g/4 oz/½ csésze porcukor (szuperfinom)

100 g/4 oz/1 csésze magától kelő liszt (magán kelő)

2,5 ml/½ teáskanál sütőpor

1 narancs reszelt héja

15 ml/1 evőkanál narancslé

2 tojás

Az összes hozzávalót jól keverjük össze. Kivajazott és kibélelt 20 cm-es tortaformába öntjük, és előmelegített sütőben 180°C-on 30 percig sütjük, amíg jól megkel és rugalmas tapintású lesz.

Egyszerű sütemény

23 cm/9-t tesz ki

50 g/2 uncia/¼ csésze vaj vagy margarin

225 g/8 uncia/2 csésze sima liszt (minden célra)

2,5 ml/½ teáskanál só

15 ml/1 evőkanál sütőpor

30 ml/2 evőkanál porcukor (szuperfinom)

250 ml/8 fl oz/1 csésze tej

Dörzsölje el a vajat vagy a margarint a liszttel, a sóval és a sütőporral, amíg zsemlemorzsa nem lesz. Belekeverjük a cukrot. Fokozatosan adjuk hozzá a tejet, és addig gyúrjuk, amíg sima tésztát nem kapunk. Óvatosan nyomkodd bele egy kivajazott 9 cm-es tortaformába (formaformába), és süsd előmelegített sütőben 160°C/325°F/gázjelzés 3-as hőmérsékleten körülbelül 30 perc alatt aranybarnára.

Spanyol piskóta

23 cm/9-t tesz ki

4 tojás, szétválasztva

100 g/4 oz/½ csésze kristálycukor

½ citrom reszelt héja

25 g/1 uncia/¼ csésze kukoricaliszt

25 g/1 uncia/¼ csésze liszt (univerzális))

30 ml/2 ek porcukor (cukrászoknak), átszitálva

A tojássárgáját, a cukrot és a citromhéjat habosra és könnyűre verjük. Fokozatosan keverjük hozzá a kukoricalisztet és a lisztet. A tojásfehérjét verjük kemény habbá, majd keverjük a masszához. A masszát kivajazott, 9 cm-es, négyzet alakú tortaformába öntjük, és előmelegített sütőben 220 °C-on, 7-es gázjelzéssel 6 percig sütjük. Azonnal kivesszük a formából és hagyjuk kihűlni. Porcukorral megszórva tálaljuk.

Viktória torta

23 cm/7-t tesz ki

175 g/6 oz/¾ csésze vaj vagy margarin, lágyítva

175 g/6 uncia/¾ csésze porcukor (szuperfinom), plusz extra a porozáshoz

3 tojás, felvert

175 g/6 uncia/1½ csésze magától kelő liszt (magától kelő)

60 ml/4 evőkanál eper lekvár (konzerv)

A vajat vagy a margarint puhára verjük, majd a cukorral habosra verjük. Fokozatosan beleütjük a tojásokat, majd beleforgatjuk a lisztet. Osszuk el egyenletesen a keveréket két kivajazott és bélelt 7 hüvelykes/18 cm-es szendvicsramekin között. 190°C-ra előmelegített sütőben, 5-ös gázjelzéssel kb. 20 percig sütjük, amíg jól megkel és rugalmas tapintású lesz. Rácsra borítjuk kihűlni, majd a szendvicset megtöltjük lekvárral és megszórjuk cukorral.

Felvert piskóta

20 cm-es tortát készít

2 tojás

75 g/3 uncia/1/3 csésze porcukor (szuperfinom)

50 g/2 uncia/½ csésze liszt (univerzális)

120 ml/4 fl oz/½ csésze dupla tejszín (nehéz), felvert

45 ml/3 evőkanál málnalekvár (konzerv)

Porcukor (cukrászok), szitálva

Verjük fel a tojást és a cukrot legalább 5 percig, amíg tiszta nem lesz. Belekeverjük a lisztet. Kivajazott és kibélelt 20 cm/8-as szendvicsformába öntjük, és előmelegített sütőben 190°C/375°F/gázjelzés 5-ös hőmérsékleten 20 percig sütjük, amíg rugalmas tapintású nem lesz. Rácson hagyjuk kihűlni.

A tortát vízszintesen kettévágjuk, majd a két felét a krémmel és a lekvárral összetekerjük. A tetejére porcukrot szórunk.

Szélmalom piskóta

20 cm-es tortát készít

A tortához:

175 g/6 uncia/1½ csésze magától kelő liszt (magától kelő)

5 ml/1 teáskanál sütőpor

175 g/6 oz/¾ csésze vaj vagy margarin, lágyítva

175 g/6 uncia/¾ csésze porcukor (szuperfinom)

3 tojás

5 ml/1 teáskanál vanília esszencia (kivonat)

A mázhoz (mázhoz):

100 g/4 oz/½ csésze vaj vagy margarin, lágyítva

175 g/6 oz/1 csésze porcukor (cukrászok), szitálva

75 ml/5 evőkanál eper lekvár (konzerv)

szál cukor és néhány szelet kristályos (kandírozott) narancs és citrom a díszítéshez

Keverjük össze a sütemény összes összetevőjét, amíg lágy keveréket nem kapunk. Két kivajazott és kibélelt 20 cm-es tortaformába (formába) öntjük, és előmelegített sütőben 160°C-on 20 perc alatt aranybarnára és rugalmas tapintásúra sütjük. Hagyja hűlni a ramekinekben 5 percig, majd fordítsa rácsra a teljes kihűléshez.

A cukormáz elkészítéséhez a vajat vagy a margarint a porcukorral addig keverjük, amíg kenhető állagot nem kapunk. Az egyik torta tetejét megkenjük a lekvárral, majd megkenjük a cukormáz felét, és ráhelyezzük a második tortát. A maradék cukormázzal megkenjük a torta felületét, és egy spatulával elsimítjuk. Zsíros (viaszos) papírból vágjunk ki egy 20 cm/8-as kört, és hajtsuk 8 részre. Hagyjon egy kis kört a közepén, hogy egy darabban tartsa a papírt, vágjon ki váltakozó szegmenseket, és helyezze a papírt a tortára, mint egy sablont. A fedetlen részeket szórjuk meg szál cukorral, majd távolítsuk el a papírt, és rendezzük el a narancs- és citromszeleteket tetszetős mintázatban a díszítetlen részeken.

Svájci tekercs

20 cm-es tekercshez

3 tojás

75 g/3 uncia/1/3 csésze porcukor (szuperfinom)

75 g/3 uncia/¾ csésze magától kelő liszt (magától kelő)

Granulált cukor (szuperfinom) porozáshoz

75 ml/5 evőkanál málnalekvár (konzerv)

A tojásokat és a cukrot körülbelül 10 percig verjük, amíg a keverék nagyon tiszta és sűrű lesz, és a keverék el nem válik a habverőtől. Keverjük hozzá a lisztet, és öntsük egy kivajazott és lisztezett 30 x 20 cm-es/12 x 8-as tepsibe. 200°C-ra előmelegített sütőben 10 percig sütjük, amíg jól megkel és tapintásra szilárd lesz. Egy tiszta konyharuhát (törülközőt) porozzon meg kristálycukorral, és fordítsa rá a tortát a törülközőre. Távolítsa el a háttérpapírt, vágja le a széleit, és csúsztassa a kést körülbelül 2,5 cm-rel lefelé a rövidebb oldalon, és vágja ketté a tortát. Tekerjük fel a tortát a vágott szélétől. Hagyjuk kihűlni.

A tortát kicsavarjuk, lekvárral megkenjük, majd újra feltekerjük és porcukorral meghintve tálaljuk.

Apple Swiss Roll

20 cm-es tekercshez

100 g/4 uncia/1 csésze liszt (minden célra)

5 ml/1 teáskanál sütőpor

Egy csipet só

225 g/8 uncia/1 csésze porcukor (szuperfinom)

3 tojás

5 ml/1 teáskanál vanília esszencia (kivonat)

45 ml/3 evőkanál hideg víz

Porcukor (tésztához) átszitáljuk a porozáshoz

100 g/4 uncia/1 csésze almalekvár (átlátszó lekvár)

A lisztet, a sütőport, a sót és a cukrot összekeverjük, majd a tojásokat és a vaníliaesszenciát habosra keverjük. Keverjük össze a vízben. Öntsük a masszát kivajazott és lisztezett 30 x 20 cm-es 12 x 8-as panini formába (zseléformába), és előmelegített sütőben 190°C-on, 5-ös gázjelzéssel süssük 20 percig, amíg rugalmas nem lesz. érintés. Egy tiszta konyharuhát (konyhatörlőt) porcukorral meghintünk, és a tortát a konyharuhára fordítjuk. Távolítsa el a háttérpapírt, vágja le a széleit, és csúsztassa a kést körülbelül 2,5 cm-rel lefelé a rövidebb oldalon, és vágja ketté a tortát. Tekerjük fel a tortát a vágott szélétől. Hagyjuk kihűlni.

Tekerjük ki a tortát, és szinte a széléig kenjük meg az almalekvárral. A tálaláshoz átforgatjuk és porcukorral megszórjuk.

Gesztenyés tekercs pálinkával

20 cm-es tekercshez

3 tojás

100 g/4 oz/½ csésze porcukor (szuperfinom)

100 g/4 uncia/1 csésze liszt (minden célra)

30 ml/2 evőkanál brandy

Granulált cukor (szuperfinom) porozáshoz

A töltelékhez és a díszítéshez:

300 ml/½ pt/1¼ csésze dupla tejszín (nehéz)

15 ml/1 evőkanál kristálycukor (szuperfinom)

250 g/1 nagy doboz gesztenyepüré

175 g/6 uncia/1½ csésze étcsokoládé (félédes)

15 g/1 evőkanál vaj vagy margarin

30 ml/2 evőkanál brandy

A tojásokat és a cukrot habosra és sűrűre verjük. Fémkanállal óvatosan beleforgatjuk a lisztet és a pálinkát. Zsírozott és kibélelt 30 x 20 cm-es 12 x 8-as svájci tekercsformába (zselés tekercsformába) öntjük, és előmelegített sütőben 220 °C-on, 7-es gázjelzéssel 12 percig sütjük. Helyezzen egy tiszta konyharuhát (konyharuhát) a munkafelületre, fedje le sütőpapírral (viaszos), és szórja meg kristálycukorral. A tortát ráborítjuk a papírra. Távolítsa el a háttérpapírt, vágja le a széleit, és csúsztassa a kést körülbelül 2,5 cm-rel lefelé a rövidebb oldalon, és vágja ketté a tortát. Tekerjük fel a tortát a vágott szélétől. Hagyjuk kihűlni.

A töltelék elkészítéséhez a tejszínt és a cukrot kemény habbá verjük. A gesztenyepürét szitáljuk (szűrjük), majd verjük simára. A tejszín felét a gesztenyepüréhez keverjük. Tekerjük ki a tortát és kenjük meg a felületét a gesztenyekrémmel, majd ismét tekerjük fel a tortát. Olvasszuk fel a csokoládét a vajjal vagy a margarinnal és a pálinkával egy hőálló tálban, amelyet egy fazék víz fölé állítanak. Oszd el a tortán, és villával jelöld be a motívumokat.

Csokoládé svájci tekercs

20 cm-es tekercshez

3 tojás

75 g/3 uncia/1/3 csésze porcukor (szuperfinom)

50 g/2 uncia/½ csésze magától kelő liszt (magától kelő)

25 g/1 uncia/¼ csésze kakaópor (cukrozatlan csokoládé).

Granulált cukor (szuperfinom) porozáshoz

120 ml/4 fl oz/½ csésze dupla tejszín (nehéz)

Porcukor (tésztához) a porozáshoz

A tojást és a cukrot körülbelül 10 perc alatt nagyon sápadt és sűrű habbá verjük, majd a habverőről csíkokban elválik a keverék. Keverjük hozzá a lisztet és a kakaót, majd öntsük kiolajozott és lisztezett 30 x 20 cm-es/12 x 8-as tepsibe. 200°C-ra előmelegített sütőben 10 percig sütjük, amíg jól megkel és tapintásra szilárd lesz. Egy tiszta konyharuhát (törülközőt) porozzon meg kristálycukorral, és fordítsa rá a tortát a törülközőre. Távolítsa el a háttérpapírt, vágja le a széleit, és csúsztassa a kést körülbelül 2,5 cm-rel lefelé a rövidebb oldalon, és vágja ketté a tortát. Tekerjük fel a tortát a vágott szélétől. Hagyjuk kihűlni.

A tejszínt kemény habbá verjük. A tortát kicsavarjuk és megkenjük a krémmel, majd újra feltekerjük és porcukorral meghintve tálaljuk.

Citromos tekercs

20 cm-es tekercshez

75 g/3 uncia/¾ csésze magától kelő liszt (magától kelő)

5 ml/1 teáskanál sütőpor

Egy csipet só

1 tojás

175 g/6 uncia/¾ csésze porcukor (szuperfinom)

15 ml/1 evőkanál olaj

5 ml/1 teáskanál citromesszencia (kivonat)

6 tojás fehérje

50 g/2 uncia/1/3 csésze porcukor (cukrászáruk), szitálva

75 ml/5 evőkanál citromtúró

300 ml/½ pt/1¼ csésze dupla tejszín (nehéz)

10 ml/2 teáskanál reszelt citromhéj

Keverjük össze a lisztet, a sütőport és a sót. Verje fel a tojást sűrűre és citromszínűre, majd keverje lassan 50 g kristálycukorral világos és krémes állagúra. Belekeverjük az olajat és a citromesszenciát. Egy tiszta tálban verjük fel a tojásfehérjét, amíg lágy csúcsok nem lesznek, majd fokozatosan keverjük hozzá a maradék kristálycukrot, amíg a keverék kemény nem lesz. A tojásfehérjét habosra keverjük az olajjal, majd a liszttel. Zsírozott és kibélelt 30 x 20 cm-es/12 x 8-as svájci tekercsformába öntjük, és előmelegített sütőben, 190 °C-on, 10 percig sütjük, amíg tapintásra rugalmassá válik. Egy tiszta konyharuhát (konyhatörlőt) fedjünk le (viaszos) sütőpapírral, és szórjuk meg porcukorral, majd fordítsuk meg a tortát a konyharuhára. Távolítsa el a béléspapírt, vágja le a széleit, és egy késsel húzza le körülbelül 2,5 cm-rel a rövid oldalát, és vágja ketté a tortát. Tekerjük fel a tortát a vágott szélétől. Hagyjuk kihűlni.

Tekerjük ki a tortát és kenjük meg citromkrémmel. A tejszínt kemény habbá verjük, és hozzáadjuk a citromhéjat. A tetejére kenjük a citromos krémet, majd ismét feltekerjük a tortát. Tálalás előtt hűtsük le.

Tekerjük citrommal és mézzel

20 cm-es tekercshez

3 tojás

75 g/3 uncia/1/3 csésze porcukor (szuperfinom)

1 citrom reszelt héja

75 g/3 uncia/¾ csésze sima liszt (univerzális)

Egy csipet só

Porcukor (finom) a porozáshoz A töltelékhez:

175 g/6 uncia/¾ csésze krémsajt

30 ml/2 evőkanál tiszta méz

Porcukor (tésztához) átszitáljuk a porozáshoz

A tojást, a cukrot és a citromhéjat egy forró víz fölé állított tálban keverjük össze, amíg sűrű és habos nem lesz, és a keverék elválik a habverőtől. A tűzről levéve 3 percig turmixoljuk, majd belekeverjük a lisztet és a sót. Zsírozott és kibélelt 30 x 20 cm-es 12 x 8-as svájci tekercsformába öntjük, és előmelegített sütőben 200 °C-ra, 6-os gázjelzésre sütjük aranybarnára és pattogó tapintásúra. Egy tiszta konyharuhát (konyhatörlőt) fedjünk le egy (viasz) sütőpapírral, és szórjuk meg kristálycukorral, majd fordítsuk meg a tortát a konyharuhára. Távolítsa el a háttérpapírt, vágja le a széleit, és csúsztassa a kést körülbelül 2,5 cm-rel lefelé a rövidebb oldalon, és vágja ketté a tortát. Tekerjük fel a tortát a vágott szélétől.

Keverjük össze a krémsajtot a mézzel. A tortát kibontjuk, megkenjük a töltelékkel, majd a tortát újra feltekerjük és porcukorral megszórjuk.

Lime lekváros tekercs

20 cm-es tekercshez

3 tojás

175 g/6 uncia/¾ csésze porcukor (szuperfinom)

45 ml/3 evőkanál víz

5 ml/1 teáskanál vanília esszencia (kivonat)

75 g/3 uncia/¾ csésze sima liszt (univerzális)

5 ml/1 teáskanál sütőpor

Egy csipet só

25 g/1 uncia/¼ csésze őrölt mandula

Granulált cukor (szuperfinom) porozáshoz

60 ml/4 evőkanál lime lekvár

150 ml/¼ pt/2/3 csésze dupla tejszín (nehéz), felvert

A tojásokat kemény habbá verjük, majd fokozatosan hozzákeverjük a cukrot, a vizet és a vaníliaesszenciát. A lisztet, a sütőport, a sót és az őrölt mandulát összekeverjük, és addig gyúrjuk, amíg sima tésztát nem kapunk. Zsírozott és kibélelt 30 x 20 cm-es 12 x 8-as svájci tepsibe öntjük, és előmelegített sütőben 180 °C-on 12 percig sütjük, amíg rugalmas tapintású nem lesz. Egy tiszta konyharuhát (konyhatörlőt) szórjunk meg cukorral, és fordítsuk a forró süteményt a ruhára. Távolítsa el a háttérpapírt, vágja le a széleit, és csúsztassa a kést körülbelül 2,5 cm-rel lefelé a rövidebb oldalon, és vágja ketté a tortát. Tekerjük fel a tortát a vágott szélétől. Hagyjuk kihűlni.

A tortát kicsavarjuk, megkenjük a lekvárral és a tejszínnel. Újra feltekerjük és megszórjuk kristálycukorral.

Citromos és epres tekercs

20 cm-es tekercshez

A töltelékhez:

30 ml/2 evőkanál kukoricakeményítő (kukoricakeményítő)

75 g/3 uncia/1/3 csésze porcukor (szuperfinom)

120 ml/4 fl oz/½ csésze almalé

120 ml/4 fl uncia/½ csésze citromlé

2 tojássárgája, enyhén felverve

10 ml/2 teáskanál reszelt citromhéj

15 ml/1 evőkanál vaj

A tortához:

3 tojás, szétválasztva

3 tojás fehérje

Egy csipet só

75 g/3 uncia/1/3 csésze porcukor (szuperfinom)

15 ml/1 evőkanál olaj

5 ml/1 teáskanál vanília esszencia (kivonat)

5 ml/1 teáskanál reszelt citromhéj

50 g/2 uncia/½ csésze liszt (univerzális)

25 g/1 uncia/¼ csésze kukoricakeményítő (kukoricakeményítő)

225 g szeletelt eper

Porcukor (tésztához) átszitáljuk a porozáshoz

A töltelék elkészítéséhez keverjük össze a kukoricakeményítőt és a cukrot egy serpenyőben, majd fokozatosan adjuk hozzá az almát és a citromlevet. Hozzákeverjük a tojássárgáját és a citromhéjat. Alacsony lángon, folyamatos kevergetés mellett addig főzzük, amíg besűrűsödik. Levesszük a tűzről, és belekeverjük a vajat. Öntsük egy tálba, helyezzünk egy kört (viaszos) sütőpapírral a felületére, hűtsük le, majd hűtsük le.

A torta elkészítéséhez a tojásfehérjéket a sóval habosra verjük. Fokozatosan keverjük hozzá a cukrot, amíg kemény és fényes nem lesz. A tojássárgáját, az olajat, a vanília esszenciát és a citromhéjat habosra keverjük. Keverjünk hozzá egy evőkanál tojásfehérjét, majd forgassuk bele a tojássárgás keveréket a tojásfehérjébe. Hozzáadjuk a lisztet és a kukoricakeményítőt; ne keverjük túl sokat. Nyújtsa ki a tésztát egy kivajazott, kibélelt és lisztezett 30 x 20 cm-es (zselétekercses) tepsibe, és előmelegített sütőben 200°C-on 10 perc alatt süsse aranybarnára. Fordítsa meg a tortát egy sütőpapírra (viaszos) egy rácson. Távolítsa el a háttérpapírt, vágja le a széleit, és csúsztassa a kést körülbelül 2,5 cm-rel lefelé a rövidebb oldalon, és vágja ketté a tortát. Tekerjük fel a tortát a vágott szélétől. Hagyjuk kihűlni.

A hideg tortát kicsavarjuk és megkenjük a citromos töltelékkel, majd ráhelyezzük az epret. A papír segítségével ismét feltekerjük a tekercset, és porcukorral megszórva tálaljuk.

Narancs és mandula svájci tekercs

20 cm-es tekercshez

4 tojás, szétválasztva

225 g/8 uncia/1 csésze porcukor (szuperfinom)

60 ml/4 evőkanál narancslé

150 g/5 uncia/1¼ csésze sima liszt (univerzális)

5 ml/1 teáskanál sütőpor

Egy csipet só

5 ml/1 teáskanál vanília esszencia (kivonat)

½ narancs reszelt héja

Granulált cukor (szuperfinom) porozáshoz

A töltelékhez:

2 narancs

30 ml/2 evőkanál zselatin por

120 ml/4 fl oz/½ csésze víz

250 ml/8 fl oz/1 csésze narancslé

100 g/4 oz/½ csésze porcukor (szuperfinom)

4 tojássárgája

250 ml/8 fl oz/1 csésze dupla tejszín (nehéz)

100 g/4 uncia/1/3 csésze baracklekvár (tartósított), szitálva (szűrve)

15 ml/1 evőkanál víz

100 g/4 oz/1 csésze pelyhes (pelyhesített) mandula, pirítva

A tojássárgáját, a kristálycukrot és a narancslevet habosra verjük. Fémkanállal fokozatosan hozzákeverjük a lisztet és a sütőport. A tojásfehérjét és a sót kemény habbá verjük, majd fémkanállal a vanília esszenciával és a reszelt narancshéjjal a keverékhez keverjük. Zsírozott és kibélelt 30 x 20 cm-es svájci tekercsformába (zseléformába) öntjük, és előmelegített sütőben, 200 °C-on, 6-os gázjelzéssel 10 percig sütjük, amíg rugalmas tapintású nem lesz. Átfordítjuk kristálycukorral meghintett tiszta konyharuhára (konyharuhára). Távolítsa el a háttérpapírt, vágja le a széleit, és csúsztassa a kést körülbelül 2,5 cm-rel lefelé a rövidebb oldalon, és vágja ketté a tortát. Tekerjük fel a tortát a vágott szélétől.

A töltelék elkészítéséhez egy narancs héját lereszeljük. Mindkét narancsot meghámozzuk, a héját és a héját eltávolítjuk. Vágja félbe a szeleteket, és hagyja lecsepegni. A zselatint egy tálba szórjuk a vízre, és hagyjuk szivacsosra. Helyezze az edényt forró vízbe, amíg fel nem oldódik. Hagyjuk kicsit hűlni. A narancs levét és héját a cukorral és a tojássárgájával egy hőálló tálban, forrásban lévő víz fölé téve sűrűre és krémesre keverjük. Levesszük a tűzről, és belekeverjük a zselatint. Időnként megkeverjük, amíg kihűl. A tejszínt kemény habbá verjük, majd a masszához keverjük, és hagyjuk kihűlni.

A tortát kibontjuk, megkenjük a narancskrémmel és megszórjuk a narancskarikákkal. Tekerje fel újra. A lekvárt a vízzel addig melegítjük, amíg jól el nem keveredik. Kenjük meg a tortát és szórjuk meg a pirított mandulával, enyhén nyomkodjuk.

Epres svájci tekercs

20 cm-es tekercshez

3 tojás

75 g/3 uncia/1/3 csésze kristálycukor (szuperfinom)

75 g/3 uncia/¾ csésze magától kelő liszt (magától kelő)

Granulált cukor (szuperfinom) porozáshoz

75 ml/5 evőkanál málnalekvár (konzerv)

150 ml/¼ pt/2/3 csésze habtejszín vagy tejszín (nehéz)

100 g/4 uncia eper

A tojást és a cukrot körülbelül 10 perc alatt nagyon sápadt és sűrű habbá verjük, majd a habverőről csíkokban elválik a keverék. Keverjük hozzá a lisztet, és öntsük egy kivajazott és lisztezett 30 x 20 cm-es/12 x 8-as tepsibe. 200°C-ra előmelegített sütőben 10 percig sütjük, amíg jól megkel és tapintásra szilárd lesz. Egy tiszta konyharuhát (törülközőt) porozzon meg kristálycukorral, és fordítsa rá a tortát a törülközőre. Távolítsa el a háttérpapírt, vágja le a széleit, és csúsztassa a kést körülbelül 2,5 cm-rel lefelé a rövidebb oldalon, és vágja ketté a tortát. Tekerjük fel a tortát a vágott szélétől. Hagyjuk kihűlni.

A tortát kinyújtjuk, lekvárral megkenjük, majd újra feltekerjük. A süteményt hosszában kettévágjuk, és a lekerekített oldalát a vágott oldalával kifelé helyezzük egy tálra. A tejszínt kemény habbá verjük, majd bevonjuk a torta tetejét és oldalát. Az epret szeletekre vagy negyedekre vágjuk, ha nagyok, és dekoratívan elrendezzük a torta tetején.

Csokoládétorta

20 cm-es tortát készít

100 g/4 oz/½ csésze vaj vagy margarin, lágyítva

100 g/4 oz/½ csésze porcukor (szuperfinom)

100 g/4 oz/1 csésze magától kelő liszt (magán kelő)

15 ml/1 evőkanál kakaópor (cukrozatlan csokoládé).

2,5 ml/½ teáskanál sütőpor

2 tojás

Keverje össze az összes összetevőt, amíg jól el nem keveredik. Kivajazott és lisztezett 20 cm-es tortaformába (sütőformába) öntjük, és előmelegített sütőben 180°C-on 30 percig sütjük, amíg jól megkel és rugalmas tapintású lesz.

Csokis banán torta

900 g/2 font súlyú kenyérhez

150 g/5 uncia/2/3 csésze vaj vagy margarin

150 g/5 uncia/2/3 csésze puha barna cukor

150 g/5 uncia/1¼ csésze étcsokoládé (félédes)

2 banán, pépesítve

3 tojás, felvert

200 g/7 uncia/1¾ csésze sima liszt (univerzális)

10 ml/2 teáskanál sütőpor

A vajat vagy a margarint a cukorral és a csokoládéval felolvasztjuk. Levesszük a tűzről, majd simára keverjük a banánt, a tojást, a lisztet és a sütőport. Kivajazott és kibélelt 900 g-os cipóformába öntjük, és előmelegített sütőben 150°C-on, 3-as gázjelzéssel 1 órán át, amíg rugalmas tapintású nem lesz. Hagyja hűlni a serpenyőben 5 percig, mielőtt kibontja a formából, hogy rácson teljesen lehűljön.

Csokoládé és mandulás pite

20 cm-es tortát készít

100 g/4 oz/½ csésze vaj vagy margarin, lágyítva

100 g/4 oz/½ csésze porcukor (szuperfinom)

2 tojás, enyhén felverve

2,5 ml/½ teáskanál mandula esszencia (kivonat)

100 g/4 oz/1 csésze magától kelő liszt (magán kelő)

25 g/1 uncia/¼ csésze kakaópor (cukrozatlan csokoládé).

2,5 ml/½ teáskanál sütőpor

45 ml/3 evőkanál őrölt mandula

60 ml/4 evőkanál tej

Porcukor (cukrászdák) porozáshoz

A vajat vagy a margarint és a cukrot habosra és könnyű habbá verjük. Fokozatosan hozzákeverjük a tojást és a mandula eszenciát, majd a lisztet, a kakaót és a sütőport. Hozzákeverjük az őrölt mandulát és éppen annyi tejet, hogy sima, folyós állagot kapjunk. A masszát kivajazott és lisztezett, 20 cm-es tortaformába öntjük, és előmelegített sütőben 200°C-on 15-20 percig sütjük, amíg jól megkel és rugalmas tapintású lesz. Porcukorral meghintve tálaljuk.

Csokoládé és mandula mázas torta

23 cm/9-t tesz ki

225 g/8 uncia/2 csésze étcsokoládé (félédes)

225 g/8 oz/1 csésze vaj vagy margarin, lágyítva

225 g/8 uncia/1 csésze porcukor (szuperfinom)

5 tojás, szétválasztva

225 g/8 uncia/2 csésze magától kelő liszt (magától kelő)

100 g/4 oz/1 csésze őrölt mandula

A mázhoz (mázhoz):

175 g/6 oz/1 csésze porcukor (cukrászok)

25 g/1 uncia/¼ csésze kakaópor (cukrozatlan csokoládé).

30 ml/2 evőkanál Cointreau

30 ml/2 evőkanál víz

Díszítéshez hámozott mandula

Olvasszuk fel a csokoládét egy forró víz fölé állított hőálló tálban. Hagyjuk kicsit hűlni. A vajat vagy a margarint és a cukrot habosra és könnyű habbá verjük. Verjük fel a tojássárgáját, majd öntsük bele az olvasztott csokoládét. Hozzákeverjük a lisztet és az őrölt mandulát. A tojásfehérjét kemény habbá verjük, majd fokozatosan a csokis masszához keverjük. Kizsírozott és lisztezett aljzatú, 23 cm-es tortaformába (forma) öntjük, és előmelegített sütőben 180°C/350°F/gázjelzés 4-re 1 órán keresztül süssük, amíg jól megkel és rugalmas tapintású lesz. Hagyjuk kihűlni.

A mázhoz keverjük össze a porcukrot a kakaóval, és készítsünk a közepébe egy lyukat. Melegítsük fel a Cointreau-t és a vizet, majd a folyadékot fokozatosan keverjük össze a porcukorral, hogy kenhető mázt kapjunk. A tortára simítjuk, és a cukormázra mintázzuk, mielőtt kihűl. Mandulával díszítjük.

Csokoládé angyal torta

900 g/2 font süteményhez

6 tojás fehérje

Egy csipet só

5 ml/1 teáskanál tartárkrém

450 g/1 font/2 csésze porcukor (szuperfinom)

2,5 ml/½ teáskanál citromlé

Néhány csepp vanília esszencia (kivonat)

100 g/4 uncia/1 csésze liszt (minden célra)

50 g/2 oz/½ csésze kakaópor (cukrozatlan csokoládé).

5 ml/1 teáskanál sütőpor

                    A mázhoz (mázhoz):

175 g/6 oz/1 csésze porcukor (cukrászok), szitálva

5 ml/1 teáskanál kakaó (cukrozatlan csokoládé) por

Néhány csepp vanília esszencia (kivonat)

30 ml/2 evőkanál tej

Verjük fel a tojásfehérjét és a sót, amíg lágy csúcsok nem lesznek. Hozzáadjuk a tartárkrémet, és kemény habbá verjük. Hozzákeverjük a cukrot, a citromlevet és a vanília esszenciát. A lisztet, a kakaót és a sütőport összekeverjük, majd a masszához keverjük. Kiolajozott és kibélelt 900 g-os tepsibe öntjük, és előmelegített sütőben 180°C-on, 4-es gázjelzéssel 1 órán át megsütjük, amíg megszilárdul. Azonnal kivesszük, és rácson hagyjuk kihűlni.

A mázhoz a máz hozzávalóit keverjük simára, apránként adjuk hozzá a tejet. Megszórjuk a kihűlt süteményt.

Amerikai csokoládé torta

23 cm/9-t tesz ki

175 g/6 uncia/1½ csésze liszt (univerzális)

45 ml/3 evőkanál kakaópor (cukrozatlan csokoládé).

5 ml/1 teáskanál szódabikarbóna (nátrium-hidrogén-karbonát)

225 g/8 uncia/1 csésze porcukor (szuperfinom)

75 ml/5 evőkanál olaj

15 ml/1 evőkanál fehérborecet

5 ml/1 teáskanál vanília esszencia (kivonat)

250 ml/8 fl oz/1 csésze hideg víz

A mázhoz (mázhoz):

50 g/2 uncia/¼ csésze krémsajt

30 ml/2 evőkanál vaj vagy margarin

2,5 ml/½ teáskanál vanília esszencia (kivonat)

175 g/6 oz/1 csésze porcukor (cukrászok), szitálva

A száraz hozzávalókat összekeverjük és a közepébe mélyedést készítünk. Öntsük hozzá az olajat, a borecetet és a vanília esszenciát, és jól keverjük össze. Hozzákeverjük a hideg vizet, és újra simára keverjük. Kivajazott 9 cm-es (23 cm-es) tepsibe öntjük, és előmelegített sütőben 180 °C-on 30 percig sütjük. Hagyjuk kihűlni.

A cukormáz elkészítéséhez a krémsajtot, a vajat vagy a margarint és a vanília esszenciát habosra keverjük. A porcukrot fokozatosan simára keverjük. Rákenjük a tortára.

Csokis almás pite

20 cm-es tortát készít

2 sült alma (torta)

Citromlé

100 g/4 oz/½ csésze vaj vagy margarin, lágyítva

225 g/8 uncia/1 csésze porcukor (szuperfinom)

2 tojás, enyhén felverve

5 ml/1 teáskanál vanília esszencia (kivonat)

250 g/9 uncia/2¼ csésze sima liszt (univerzális)

25 g/1 uncia/¼ csésze kakaópor (cukrozatlan csokoládé).

5 ml/1 teáskanál sütőpor

5 ml/1 teáskanál szódabikarbóna (nátrium-hidrogén-karbonát)

150 ml/¼ pt/2/3 csésze tej

A mázhoz (mázhoz):

450 g/1 font/22/3 csésze porcukor (cukrászsütemények), szitálva

25 g/1 uncia/¼ csésze kakaópor (cukrozatlan csokoládé).

50 g/2 uncia/¼ csésze vaj vagy margarin

75 ml/5 evőkanál tej

Az almát meghámozzuk, kimagozzuk és apróra vágjuk, majd meglocsoljuk egy kevés citromlével. A vajat vagy a margarint és a cukrot habosra és könnyű habbá verjük. Fokozatosan hozzákeverjük a tojást és a vanília esszenciát, majd a lisztet, a kakaót, a sütőport és a szódabikarbónát a tejjel váltakozva jól elkeverjük. Belekeverjük az apróra vágott almát. Kivajazott és lisztezett 20 cm-es tortaformába öntjük, és előmelegített sütőben 180°C-on 45 percig sütjük, amíg a közepébe szúrt fogpiszkáló tisztán ki nem jön. Hagyja hűlni a serpenyőben 10 percig, majd fordítsa rácsra a teljes kihűléshez.

A mázhoz a porcukrot, a kakaót és a vajat vagy margarint habosra keverjük, annyi tejet adunk hozzá, hogy sima és krémes állagú legyen. A torta tetejére és oldalára kenjük, és villával mintázzuk.

Csokoládé Brownie torta

38x25cm/15x10cm-es tortához

100 g/4 oz/½ csésze vaj vagy margarin

100 g/4 uncia/½ csésze disznózsír (zsír)

250 ml/8 fl oz/1 csésze víz

25 g/1 uncia/¼ csésze kakaópor (cukrozatlan csokoládé).

225 g/8 uncia/2 csésze sima liszt (minden célra)

450 g/1 font/2 csésze porcukor (szuperfinom)

120 ml/4 fl uncia/½ csésze író

2 tojás, felvert

5 ml/1 teáskanál szódabikarbóna (nátrium-hidrogén-karbonát)

Egy csipet só

5 ml/1 teáskanál vanília esszencia (kivonat)

A vajat vagy a margarint, a zsírt, a vizet és a kakaót egy serpenyőben felolvasztjuk. Egy tálban elkeverjük a lisztet és a cukrot, beleöntjük az olvasztott keveréket és jól összedolgozzuk. Hozzákeverjük a többi hozzávalót, és jól összekeverjük. Kivajazott és lisztezett svájci tekercsformába öntjük, és előmelegített sütőben 200°C/400°F/6-os gázjelzéssel 20 percig sütjük, amíg rugalmas tapintású lesz.

Csokoládé és író torta

23 cm/9-t tesz ki

225 g/8 uncia/2 csésze magától kelő liszt (magától kelő)

350 g/12 uncia/1½ csésze porcukor (szuperfinom)

5 ml/1 teáskanál szódabikarbóna (nátrium-hidrogén-karbonát)

2,5 ml/½ teáskanál só

100 g/4 oz/½ csésze vaj vagy margarin

250 ml/8 fl oz/1 csésze író

2 tojás

50 g/2 oz/½ csésze kakaópor (cukrozatlan csokoládé).

Amerikai bársonyos máz

Keverjük össze a lisztet, a cukrot, a szódabikarbónát és a sót. Dörzsöljük bele a vajat vagy a margarint, amíg zsemlemorzsára nem hasonlít, majd keverjük hozzá az írót, a tojást és a kakaót, és verjük tovább simára. Öntsük a keveréket két kivajazott és bélelt 23 cm/9 cm-es tortaformába (tálcába), és 180°C-ra előmelegített sütőben süssük 30 percig, amíg a közepébe szúrt fogpiszkáló tisztán ki nem jön. Az American Velvet Frosting felével szendvicset készítsünk, a maradékkal fedjük be a tortát. Hagyja beállni.

Csokoládé Torta és Mandula

20 cm-es tortát készít

175 g/6 oz/¾ csésze vaj vagy margarin, lágyítva

175 g/6 uncia/¾ csésze porcukor (szuperfinom)

3 tojás, enyhén felverve

225 g/8 uncia/2 csésze magától kelő liszt (magától kelő)

50 g/2 uncia/½ csésze őrölt mandula

100 g/4 uncia/1 csésze csokoládéforgács

30 ml/2 evőkanál tej

25 g/1 oz/¼ csésze pelyhes (pelyhesített) mandula

A vajat vagy a margarint és a cukrot habosra és könnyű habbá verjük. Fokozatosan beleütjük a tojásokat, majd belekeverjük a lisztet, az őrölt mandulát és a csokireszeléket. Keverjük hozzá annyi tejet, hogy folyós állagot kapjunk, majd keverjük hozzá a mandulareszeléket. Kivajazott és kibélelt 20 cm-es tortaformába öntjük, és előmelegített sütőben 180°C-on, 4-es gázjellel süssük 1 órán keresztül, amíg a közepébe szúrt fogpiszkáló tisztán ki nem jön. Hűtsük a serpenyőben 5 percig, majd fordítsuk rácsra a teljes kihűléshez.

Csokoládé krémes pite

Egy 18cm/7

4 tojás

100 g/4 oz/½ csésze porcukor (szuperfinom)

60 g/2½ uncia/2/3 csésze liszt (univerzális)

25 g/1 uncia/¼ csésze ivócsokoládépor

150 ml/¼ pt/2/3 csésze dupla tejszín (nehéz)

A tojást és a cukrot addig verjük, amíg világos és habos nem lesz. Hozzákeverjük a lisztet és az ivócsokoládét. Öntse a keveréket két kivajazott és kibélelt 18 cm-es/7 cm-es szendvicsformába (tálcába), és előmelegített sütőben 200°C/400°F/gáz jelzés 6 15 percig süssük, amíg rugalmas tapintású nem lesz. Hűtsük le rácson. A tejszínt kemény habbá verjük, majd a tortákat a krémmel összetekerjük.

Csokoládé Torta Datolyával

20 cm-es tortát készít

25 g/1 uncia/1 négyzet alakú étcsokoládé (félédes)

175 g/6 uncia/1 csésze kimagozott datolya (kimagozott), apróra vágva

5 ml/1 teáskanál szódabikarbóna (nátrium-hidrogén-karbonát)

375 ml/13 fl uncia/1½ csésze forrásban lévő víz

175 g/6 oz/¾ csésze vaj vagy margarin, lágyítva

225 g/8 uncia/1 csésze porcukor (szuperfinom)

2 tojás, felvert

175 g/6 uncia/1½ csésze liszt (univerzális)

2,5 ml/½ teáskanál só

50 g/2 uncia/¼ csésze kristálycukor

100 g/4 uncia/1 csésze étcsokoládé chips (félédes)

A csokoládét, a datolyát, a szódabikarbónát és a forrásban lévő vizet összekeverjük, és addig keverjük, amíg a csokoládé elolvad. A vajat vagy a margarint és a cukrot habosra és könnyű habbá verjük. Fokozatosan felverjük a tojásokat. A lisztet és a sót felváltva adjuk a csokis keverékhez, és addig keverjük, amíg jól el nem keveredik. Kivajazott és lisztezett 20/8 cm-es négyzet alakú tortaformába öntjük. A kristálycukrot és a csokireszeléket összekeverjük és a tetejére szórjuk. 160°C-ra előmelegített sütőben 45 percig sütjük, amíg a közepébe szúrt fogpiszkáló tisztán ki nem jön.

Egyszerű csokitorta

23 cm/9-t tesz ki

100 g/4 oz/½ csésze vaj vagy margarin, lágyítva

175 g/6 uncia/¾ csésze porcukor (szuperfinom)

2 tojás, enyhén felverve

5 ml/1 teáskanál vanília esszencia (kivonat)

225 g/8 uncia/2 csésze sima liszt (minden célra)

45 ml/3 evőkanál kakaópor (cukrozatlan csokoládé).

10 ml/2 teáskanál sütőpor

2,5 ml/½ teáskanál szódabikarbóna (szódabikarbóna)

Egy csipet só

150 ml/8 fl oz/1 csésze víz

A vajat vagy a margarint és a cukrot habosra és könnyű habbá verjük. Fokozatosan beleforgatjuk a tojást és a vanília esszenciát, majd a lisztet, a kakaót, a sütőport, a szódabikarbónát és a sót a vízzel felváltva, simára keverjük. Tegyünk egy kanalat egy kivajazott és bélelt 9 cm-es tortaformába, és süssük előmelegített sütőben 220 °C-on 20-25 percig, amíg jól megkel és rugalmas tapintású lesz.

Torta mályvacukros cukormázzal

Egy 18cm/7

100 g/4 oz/½ csésze vaj vagy margarin, lágyítva

100 g/4 oz/½ csésze porcukor (szuperfinom)

2 tojás, enyhén felverve

75 g/3 uncia/1/3 csésze magától kelő liszt (magától kelő)

15 ml/1 evőkanál kakaópor (cukrozatlan csokoládé).

Egy csipet só

A mázhoz (mázhoz):

100g/4oz mályvacukor

30 ml/2 evőkanál tej

2 tojásfehérje

25 g/1 uncia/2 evőkanál kristálycukor (szuperfinom)

Díszítéshez reszelt csokoládé

A vajat vagy a margarint és a cukrot habosra és könnyű habbá verjük. Fokozatosan felverjük a tojásokat, majd hozzáadjuk a lisztet, a kakaót és a sót. Öntse a keveréket két kivajazott és kibélelt 18 cm/7 cm-es szendvicsformába (tálcába), és 180 °C-ra előmelegített sütőben süsse 25 percig, amíg jól megkel és pattogó tapintású lesz. Hagyjuk kihűlni.

Lassú tűzön, időnként megkeverve olvasszuk fel a mályvacukrot a tejjel, majd hagyjuk kihűlni. A tojásfehérjét kemény habbá verjük, majd beleforgatjuk a cukrot, és ismét kemény habbá verjük. Hozzákeverjük a mályvacukor keveréket, és hagyjuk kissé megdermedni. Tekerjük össze a tortákat a mályvacukormáz egyharmadával, majd kenjük meg a maradékkal a torta tetejét és oldalát, és díszítsük reszelt csokoládéval.

Cake Delight

23 cm/9-t tesz ki

225 g/8 uncia/2 csésze étcsokoládé (félédes)

30 ml/2 evőkanál instant kávépor

45 ml/3 evőkanál víz

4 tojás, szétválasztva

150 g/5 uncia/2/3 csésze vaj vagy margarin, felkockázva

Egy csipet só

100 g/4 oz/½ csésze porcukor (szuperfinom)

50 g/2 uncia/½ csésze kukoricakeményítő (kukoricakeményítő)

Díszítéshez:

150 ml/¼ pt/2/3 csésze dupla tejszín (nehéz)

25 g/1 uncia/3 evőkanál porcukor (cukrászok)

175 g/6 uncia/1½ csésze dió, apróra vágva

Olvasszuk fel a csokoládét, a kávét és a vizet egy hőálló edényben, amelyet egy fazék víz felett helyezünk el. Vegyük le a tűzről, és fokozatosan keverjük hozzá a tojássárgáját. Egyenként keverjük hozzá a vajat, amíg beleolvad a keverékbe. Felverjük a tojásfehérjét és a sót, amíg puha csúcsok nem lesznek. Óvatosan hozzáadjuk a cukrot, és kemény habbá verjük. Belekeverjük a kukoricalisztet. Adjunk hozzá egy evőkanál csokis keveréket, majd forgassuk bele a csokoládét a maradék tojásfehérjébe. Kivajazott és kibélelt 23 cm-es tortaformába öntjük, és előmelegített sütőben 180 °C-on 45 percig sütjük, amíg jól megkel és rugalmas tapintású lesz. Vegye ki a sütőből, és hagyja kissé lehűlni, mielőtt kiveszi a formából; a sütemény megreped és elsüllyed.

A tejszínt kemény habbá verjük, majd hozzáadjuk a cukrot. A torta szélét megkenjük egy kevés krémmel, a díszítéshez a darált diót morzsoljuk össze. Megkenjük vagy ráöntjük a maradék krémet.

Cherie csokitorta

23x30cm/9x12 tortát készít

2 tojás, szétválasztva

350 g/12 uncia/1½ csésze porcukor (szuperfinom)

200 g/7 uncia/1¾ csésze magától kelő liszt (magától kelő)

2,5 ml/½ teáskanál szódabikarbóna (szódabikarbóna)

2,5 ml/½ teáskanál só

60 ml/4 evőkanál kakaópor (cukrozatlan csokoládé).

75 ml/5 evőkanál olaj

250 ml/8 fl oz/1 csésze író

A tojásfehérjét kemény habbá verjük. Fokozatosan keverjen hozzá 100 g/4 oz/½ csésze cukrot, és verje keményre és fényesre. A maradék cukrot, lisztet, szódabikarbónát, sót és kakaót összekeverjük. Hozzákeverjük a tojássárgáját, az olajat és az írót. Óvatosan beledolgozzuk a tojásfehérjét. Kikent és lisztezett 23 x 32 cm-es/9 x 12 cm-es tortaformába öntsünk egy kanállal, és 180°C-ra előmelegített sütőben süssük 40 percig, amíg a közepébe szúrt nyárs tisztán ki nem jön.

Mogyoró és Csokoládé Torta

Egy 25 cm-es pitét készít

100 g/4 uncia/1 csésze mogyoró

175 g/6 uncia/¾ csésze porcukor (szuperfinom)

175 g/6 uncia/1½ csésze liszt (univerzális)

50 g/2 oz/½ csésze kakaópor (cukrozatlan csokoládé).

5 ml/1 teáskanál sütőpor

Egy csipet só

2 tojás, enyhén felverve

2 tojásfehérje

175 ml/6 fl uncia/¾ csésze olaj

60 ml/4 evőkanál hideg erős feketekávé

A mogyorót egy tepsire (tepsire) terítjük, és 180°C-ra előmelegített sütőben 15 perc alatt aranybarnára sütjük. Erőteljesen dörzsölje át egy konyharuhában, hogy eltávolítsa a héját, majd vágja finomra a diót egy konyhai robotgépben 15 ml/1 evőkanál cukorral. A diót elkeverjük a liszttel, a kakaóval, a sütőporral és a sóval. A tojást és a fehérjét habosra verjük. Fokozatosan adjuk hozzá a maradék cukrot, és verjük tovább sápadtságig. Fokozatosan keverjük hozzá az olajat, majd a kávét. Hozzákeverjük a száraz hozzávalókat, majd egy 25 cm-es kivajazott és kibélelt 25 cm/10-es tortaformába (forma) öntjük, és előmelegített sütőben 180°C/350°F/gázjelzés 4-es hőmérsékleten 30 perc alatt ruganyosra sütjük. az érintés.

étcsokoládé torta

900 g/2 font süteményhez

60 ml/4 evőkanál kakaópor (cukrozatlan csokoládé).

100 g/4 oz/½ csésze vaj vagy margarin

120 ml/4 fl uncia/½ csésze olaj

250 ml/8 fl oz/1 csésze víz

350 g/12 uncia/1½ csésze porcukor (szuperfinom)

225 g/8 uncia/2 csésze magától kelő liszt (magától kelő)

2 tojás, felvert

120 ml/4 fl oz/½ csésze tej

2,5 ml/½ teáskanál szódabikarbóna (szódabikarbóna)

5 ml/1 teáskanál vanília esszencia (kivonat)

A mázhoz (mázhoz):

60 ml/4 evőkanál kakaópor (cukrozatlan csokoládé).

100 g/4 oz/½ csésze vaj vagy margarin

60 ml/4 evőkanál párolt tej

450 g/1 font/22/3 csésze porcukor (cukrászsütemények), szitálva

5 ml/1 teáskanál vanília esszencia (kivonat)

100 g/4 uncia/1 csésze étcsokoládé (félédes)

Egy lábasba tesszük a kakaót, vajat vagy margarint, olajat és vizet, és felforraljuk. Levesszük a tűzről, és belekeverjük a cukrot és a lisztet. A tojást, a tejet, a szódabikarbónát és a vanília esszenciát habosra keverjük, majd hozzáadjuk a serpenyőben lévő masszához. Kiolajozott és kibélelt 900 g-os tepsibe öntjük, és előmelegített sütőben, 180°C-on, 4-es gázjellel süssük 1¼ órán keresztül, amíg jól megkel és rugalmas tapintású lesz. Formázzuk ki és rácson hűtsük ki.

A máz elkészítéséhez forraljuk fel az összes hozzávalót egy közepes méretű serpenyőben. Verjük simára, majd öntsük a még meleg süteményre. Hagyja beállni.

Csokoládé Gateau

23 cm/9-t tesz ki

150 g/5 uncia/1¼ csésze étcsokoládé (félédes)

150 g/5 uncia/2/3 csésze vaj vagy margarin, lágyítva

150 g/5 uncia/2/3 csésze porcukor (szuperfinom)

75 g/3 uncia/¾ csésze őrölt mandula

3 tojás, szétválasztva

100 g/4 uncia/1 csésze liszt (minden célra)

          A töltelékhez és a töltelékhez:

300 ml/½ pt/1¼ csésze dupla tejszín (nehéz)

200 g/7 uncia/1¾ csésze étcsokoládé (félédes), apróra vágva

Morzsolt csokoládé pehely

Olvasszuk fel a csokoládét egy hőálló tálban, forró víz felett. A vajat vagy a margarint és a cukrot habosra keverjük, majd beleforgatjuk a csokoládét, a mandulát és a tojássárgáját. A tojásfehérjét kemény habbá verjük, majd fémkanállal beledolgozzuk a masszába. Óvatosan beledolgozzuk a lisztet. Kivajazott 9 cm/23 cm-es tortaformába (formaformába) öntjük, és előmelegített sütőben 180°C-on 40 percig sütjük, amíg rugalmas tapintású nem lesz.

Közben a tejszínt felforraljuk, majd hozzáadjuk az apróra vágott csokoládét, és addig keverjük, amíg fel nem olvad. Hagyjuk kihűlni.

Amikor a torta megsült és kihűlt, vízszintesen felszeleteljük, és megtöltjük a csokikrém felével. A maradékot rákenjük, és morzsolt csokireszelékkel díszítjük.

Olasz csokoládé torta

23 cm/9-t tesz ki

100 g/4 oz/½ csésze vaj vagy margarin

225 g/8 uncia/1 csésze puha barna cukor

30 ml/2 evőkanál kakaópor (cukrozatlan csokoládé).

3 tojás, jól felverve

75 g/3 uncia/¾ csésze étcsokoládé (félédes)

150 ml/4 fl uncia/½ csésze forrásban lévő víz

400 g/14 uncia/3½ csésze liszt (univerzális)

5 ml/1 teáskanál sütőpor

Egy csipet só

10 ml/2 teáskanál vanília esszencia (kivonat)

175 ml/6 fl oz/¾ csésze egyszemélyes krémes (könnyű)

150 ml/¼ pt/2/3 csésze dupla tejszín (nehéz)

A vajat vagy a margarint, a cukrot és a kakaót habosra keverjük. Fokozatosan felverjük a tojásokat. A csokoládét forrásban lévő vízben felolvasztjuk, majd a keverékhez adjuk. Keverjük össze a lisztet, a sütőport és a sót. Belekeverjük a vanília esszenciát és a tejszínt. Két kivajazott és kibélelt 23 cm/9 cm-es tortaformába (formába) öntjük, és előmelegített sütőben 180°C/350°F/gázjel 4

25 percig sütjük, amíg jól megkel és rugalmas tapintású lesz. Hagyja hűlni a ramekinekben 5 percig, majd fordítsa rácsra a teljes kihűléshez. A tejszínt kemény habbá verjük, majd a torták összetekeréséhez használjuk.

Jeges csokoládé mogyorótorta

23 cm/9-t tesz ki

150 g/5 uncia/1¼ csésze mogyoró, bőr nélkül

225 g/8 oz/1 csésze kristálycukor

15 ml/1 evőkanál instant kávépor

60 ml/4 evőkanál víz

175 g/6 uncia/1½ csésze étcsokoládé (félédes), törve

5 ml/1 teáskanál mandula esszencia (kivonat)

100 g/4 oz/½ csésze vaj vagy margarin, lágyítva

8 tojás, szétválasztva

45 ml/3 evőkanál graham kekszmorzsa

A mázhoz (mázhoz):

175 g/6 uncia/1½ csésze étcsokoládé (félédes), törve

60 ml/4 evőkanál víz

15 ml/1 evőkanál instant kávépor

225 g/8 oz/1 csésze vaj vagy margarin, lágyítva

3 tojássárgája

175 g/6 oz/1 csésze porcukor (cukrászok)

Reszelt csokoládé díszítéshez (elhagyható)

A mogyorót száraz serpenyőben enyhén megpirítjuk, időnként megrázva, majd aprítjuk egészen finomra. Tegyünk félre 45 ml/3 evőkanálnyit a mázhoz.

Oldja fel a cukrot és a kávét a vízben alacsony lángon, keverés közben 3 percig. Vegyük le a tűzről, és keverjük hozzá a csokoládét és a mandula eszenciát. Keverjük olvadásig és simára, majd hagyjuk kicsit kihűlni. A vajat vagy a margarint habosra verjük, majd fokozatosan beleforgatjuk a tojássárgáját. Keverjük össze a mogyorót és a morzsolt kekszet. A tojásfehérjét verjük kemény habbá, majd keverjük a masszához. Tegyünk egy kanálnyit két kivajazott és kibélelt 23 cm-es tortaformába (formába), és süssük előmelegített sütőben 180°C/350°F/gáz jelzés 4-es hőmérsékleten 25 percig, amíg a sütemény el nem kezd leválni a tepsi oldalairól. és tapintásra rugalmasnak érzi magát.

A máz elkészítéséhez lassú tűzön olvasszuk fel a csokoládét, a vizet és a kávét, keverjük simára. Hagyjuk kihűlni. A vajat vagy a margarint habosra verjük. Fokozatosan beleforgatjuk a tojássárgáját, majd a csokis keveréket. Verjük fel a porcukrot. Hűtsük le kenhető állagúra.

Tekerjük össze a tortákat a cukormáz felével, majd a maradék felét kenjük körbe a torta oldalát, és nyomkodjuk a maradék mogyorót az oldalára. A torta tetejét vékonyan bevonjuk cukormázzal, és a széle körül cukormáz rozettákat formázunk. Ízlés szerint reszelt csokoládéval díszítjük.

Olasz torta csokoládéval és pálinkás krémmel

23 cm/9-t tesz ki

400 g/3½ csésze étcsokoládé (félédes)

400 ml/14 fl uncia/1¾ csésze dupla tejszín (nehéz)

600 ml/1 pt/2½ csésze hideg erős feketekávé

75 ml/5 evőkanál pálinka vagy Amaretto

400 g/14 oz ladyfingers

Olvasszuk fel a csokoládét egy forró víz fölé állított hőálló tálban. Levesszük a tűzről és hagyjuk kihűlni. Közben a tejszínt kemény habbá verjük. A csokoládét a tejszínhez keverjük. Keverje össze a kávét és a pálinkát vagy az Amarettót. Az ujjak egyharmadát mártsuk a keverékbe, hogy megnedvesítsék, és béleljünk ki egy 23 cm/9 cm-es edényt alumínium alappal. Megkenjük a krém felével. Nedvesítsd meg, és adj hozzá még egy réteg ladyfingert, majd a maradék krémet és végül a maradék kekszet. Hagyjuk alaposan kihűlni, mielőtt kivesszük a formából a tálaláshoz.

Réteges csokoládé torta

20 cm-es tortát készít

75 g/3 uncia/¾ csésze étcsokoládé (félédes)

175 g/6 oz/¾ csésze vaj vagy margarin, lágyítva

175 g/6 uncia/¾ csésze porcukor (szuperfinom)

3 tojás, enyhén felverve

150 g/5 oz/1¼ csésze magától kelő liszt (magától kelő)

25 g/1 uncia/¼ csésze kakaópor (cukrozatlan csokoládé).

A mázhoz (mázhoz):

175 g/6 oz/1 csésze porcukor (cukrászok)

50 g/2 oz/½ csésze kakaópor (cukrozatlan csokoládé).

175 g/6 oz/¾ csésze vaj vagy margarin, lágyítva

Díszítéshez reszelt csokoládé

Olvasszuk fel a csokoládét egy forró víz fölé állított hőálló tálban. Hagyjuk kicsit hűlni. A vajat vagy a margarint és a cukrot habosra keverjük. Fokozatosan felverjük a tojásokat, majd hozzákeverjük a lisztet és a kakaót és az olvasztott csokoládét. Öntsük a keveréket egy kivajazott és bélelt 20 cm-es tortaformába (formaformába), és süssük előmelegített sütőben 180°C/350°F/gázjelzés 4-es hőmérsékleten 1¼ órán keresztül, amíg rugalmas tapintású nem lesz. Hagyjuk kihűlni.

A máz elkészítéséhez a porcukrot, a kakaót és a vajat vagy margarint addig keverjük, amíg kenhető mázat nem kapunk. Ha kihűlt a torta, vízszintesen háromfelé vágjuk, és a cukormáz kétharmadával összeillesztjük a három réteget. A tetejére kenjük a maradék cukormázzal, villával mintázzuk, és reszelt csokoládéval díszítjük.

Becky torta

20 cm-es tortát készít

200 g/7 uncia/1¾ csésze sima liszt (univerzális)

30 ml/2 evőkanál kakaópor (cukrozatlan csokoládé).

5 ml/1 teáskanál szódabikarbóna (nátrium-hidrogén-karbonát)

5 ml/1 teáskanál sütőpor

150 g/5 uncia/2/3 csésze porcukor (szuperfinom)

30 ml/2 evőkanál aranyszirup (világos kukorica)

2 tojás, enyhén felverve

150 ml/¼ pt/2/3 csésze olaj

150 ml/¼ pt/2/3 csésze tej

150 ml/¼ pt/2/3 dupla csésze (nehéz) vagy tejszínhab, felvert

A tejszín kivételével az összes hozzávalót habosra keverjük. Két kivajazott és kibélelt 20 cm-es tortaformába (formába) öntjük, és előmelegített sütőben 160°C-on 35 percig sütjük, amíg jól megkel és rugalmas tapintású lesz. Hagyjuk kihűlni, majd töltsük meg a szendvicset tejszínhabbal.

Mokka pite

23x30cm/9x12 tortát készít

450 g/1 font/2 csésze porcukor (szuperfinom)

225 g/8 uncia/2 csésze sima liszt (minden célra)

75 g/3 oz/¾ csésze kakaópor (cukrozatlan csokoládé).

10 ml/2 teáskanál szódabikarbóna (nátrium-hidrogén-karbonát)

5 ml/1 teáskanál sütőpor

Egy csipet só

120 ml/4 fl uncia/½ csésze olaj

250 ml/8 fl uncia/1 csésze forró feketekávé

250 ml/8 fl oz/1 csésze tej

2 tojás, enyhén felverve

A száraz hozzávalókat összekeverjük, és mélyedést készítünk a közepébe. Hozzákeverjük a többi hozzávalót, és addig keverjük, amíg a száraz hozzávalók fel nem szívódnak. Tegyünk egy kanálnyit egy kivajazott és lisztezett 23 x 30 cm-es/9 x 12 cm-es tortaformába, és 180°C-ra előmelegített sütőben süssük 35-40 percig, amíg egy fogpiszkáló belefér a közepébe. tiszta.

Charlie torta

20 cm-es tortát készít

225 g/8 uncia/2 csésze étcsokoládé (félédes)

225 g/8 uncia/1 csésze vaj vagy margarin

225 g/8 uncia/1 csésze porcukor (szuperfinom)

4 tojás, enyhén felverve

15 ml/1 evőkanál kukoricakeményítő (kukoricakeményítő)

Olvasszuk fel a csokoládét és a vajat vagy a margarint egy hőálló edényben, amelyet egy fazék víz fölé állítunk. A tűzről levéve keverjük hozzá a cukrot, amíg fel nem oldódik, majd keverjük hozzá a tojást és a kukoricakeményítőt. Öntsük a kanalat egy kivajazott és lisztezett 20 cm-es tortaformába (formába), és tegyük a tortaformát egy tepsibe, amely annyi forró vízzel van megtöltve, hogy a tortaforma oldalának feléig érjen. Előmelegített sütőben 180°C/350°F/gázjelzés 4 1 órán át sütjük. Vegyük ki a vizes tálcáról, és hagyjuk kihűlni a serpenyőben, majd hűtsük le, amíg ki nem formázzuk és tálaljuk.

Ropogós sütemény

23 cm/9-t tesz ki

75 g gyömbéres keksz (keksz) morzsa

75 g/3 uncia/¾ csésze emésztést elősegítő keksz (Graham keksz) morzsa

50 g/2 oz/¼ csésze vaj vagy margarin, olvasztott

300g/11oz mályvacukor

90 ml/6 evőkanál tej

2,5 ml/½ teáskanál reszelt szerecsendió

60 ml/4 evőkanál rum vagy brandy

20 ml/4 teáskanál erős feketekávé

450 g/l lb/4 csésze étcsokoládé (félédes)

450 ml/¾ pt/2 csésze dupla tejszín (nehéz)

Keverjük össze a kekszmorzsát az olvasztott vajjal, és nyomkodjuk egy kivajazott 9 cm/23 cm-es tortaforma aljába. Hideg.

A mályvacukrot a tejjel és a szerecsendióval lassú tűzön felolvasztjuk. Levesszük a tűzről és hagyjuk kihűlni. Keverjük össze a rumot vagy a pálinkát és a kávét. Közben olvasszuk fel a csokoládé háromnegyedét egy hőálló edényben, amelyet egy fazék víz fölé állítottunk. Levesszük a tűzről és hagyjuk kihűlni. A tejszínt kemény habbá verjük. A csokoládét és a tejszínt a mályvacukros keverékhez keverjük. Öntse az alapra, és egyenlítse ki a felületet.

Fedjük le a fóliát (műanyag fóliát), és hűtsük 2 órán keresztül, amíg meg nem áll.

A maradék csokoládét felolvasztjuk egy hőálló tálban, forró víz fölött. A csokoládét egy tepsire (kekszre) vékonyan kikenjük, és majdnem megszilárdulásig hűtjük. Éles késsel húzzuk át a csokoládét, hogy fürtökre vágjuk, és díszítsük vele a torta tetejét.

Csokis diótorta

20 cm-es tortát készít

175 g/6 uncia/1½ csésze őrölt mandula

175 g/6 uncia/¾ csésze porcukor (szuperfinom)

4 tojás, szétválasztva

5 ml/1 teáskanál vanília esszencia (kivonat)

175 g/6 uncia/1½ csésze étcsokoládé (félédes), reszelve

15 ml/1 evőkanál apróra vágott vegyes dió

Keverjük össze a darált mandulát és a cukrot, majd forgassuk bele a tojássárgáját, a vanília esszenciát és a csokoládét. A tojásfehérjét kemény habbá verjük, majd fémkanállal a csokis keverékhez keverjük. Kiolajozott és kibélelt 20 cm/8-as tortaformába (formaformába) öntjük, és megszórjuk a darált dióval. 190°C-ra előmelegített sütőben 25 percig sütjük, amíg jól megkel és rugalmas tapintású lesz.

Gazdag csokoládé torta

900 g/2 font süteményhez

200 g/7 uncia/1¾ csésze étcsokoládé (félédes)

15 ml/1 evőkanál erős feketekávé

225 g/8 oz/1 csésze vaj vagy margarin, lágyítva

225 g/8 oz/1 csésze kristálycukor

4 tojás

225 g/8 uncia/2 csésze sima liszt (minden célra)

5 ml/1 teáskanál sütőpor

A csokoládét a kávéval felolvasztjuk egy forró víz fölé állított tálban. Közben a vajat vagy a margarint és a cukrot habosra keverjük. Fokozatosan hozzákeverjük a tojásokat, minden hozzáadás után jól felverjük. Hozzádolgozzuk az olvasztott csokoládét, majd a lisztet és a sütőport. Öntsük a keveréket egy kivajazott és bélelt 900 g-os tepsibe, és süssük előmelegített sütőben 190°C-on/375°F/gázjelzés 5-ös hőmérsékleten körülbelül 1 órán át, amíg a közepébe szúrt fogpiszkáló tisztán ki nem jön. Ha szükséges, fedje le a tetejét fóliával vagy sütőpapírral (viaszos) a főzés utolsó 10 percében, nehogy túlságosan megbarnuljon.

Csokoládé torta, dió és cseresznye

20 cm-es tortát készít

225 g/8 oz/1 csésze vaj vagy margarin, lágyítva

225 g/8 uncia/1 csésze porcukor (szuperfinom)

4 tojás

Néhány csepp vanília esszencia (kivonat)

225 g/8 uncia/2 csésze rozsliszt

225 g/8 uncia/2 csésze darált mogyoró

45 ml/3 evőkanál kakaópor (cukrozatlan csokoládé).

10 ml/2 teáskanál őrölt fahéj

5 ml/1 teáskanál sütőpor

900 g kimagozott cseresznye (kimagozott)

Porcukor (cukrászdák) porozáshoz

A vajat vagy a margarint és a cukrot habosra és könnyű habbá verjük. Fokozatosan, egyenként verjük fel a tojásokat, majd keverjük hozzá a vaníliaesszenciát. A lisztet, a diót, a kakaót, a fahéjat és a sütőport összekeverjük, majd a masszához adjuk és addig gyúrjuk, amíg lágy tésztát nem kapunk. A tésztát enyhén lisztezett felületen 20 cm/8 átmérőjűre nyújtjuk, és óvatosan kivajazott tortaformába (formába) nyomkodjuk. A tetejére helyezzük a meggyet. 200°C/400°F/6-os gázjelzésű előmelegített sütőben 30 percig sütjük, amíg rugalmas tapintású lesz. A sütőből kivéve hagyjuk kihűlni, majd tálalás előtt porcukorral megszórjuk.

Rumos csokitorta

20 cm-es tortát készít

100 g/4 uncia/1 csésze étcsokoládé (félédes)

15 ml/1 evőkanál rum

3 tojás

100 g/4 oz/½ csésze porcukor (szuperfinom)

25 g/1 uncia/¼ csésze kukoricakeményítő (kukoricakeményítő)

50 g/2 uncia/½ csésze magától kelő liszt (magától kelő)

Olvasszuk fel a csokoládét a rummal egy forró víz fölé állított tálban. A tojást és a cukrot habosra verjük, majd hozzáadjuk a kukoricakeményítőt és a lisztet. Keverjük hozzá a csokis keveréket. Kivajazott és lisztezett 20 cm-es tortaformába (forma) öntjük, és előmelegített sütőben 190°C-on 10-15 percig sütjük, amíg rugalmas tapintású nem lesz.

Csokoládé édes

20 cm-es tortát készít

100 g/4 uncia/1 csésze liszt (minden célra)

10 ml/2 teáskanál sütőpor

Egy csipetnyi szódabikarbóna (szódabikarbóna)

50 g/2 oz/½ csésze kakaópor (cukrozatlan csokoládé).

225 g/8 uncia/1 csésze porcukor (szuperfinom)

120 ml/4 fl oz/½ csésze kukoricaolaj

120 ml/4 fl oz/½ csésze tej

150 ml/¼ pt/2/3 csésze dupla tejszín (nehéz)

100 g/4 uncia/1 csésze étcsokoládé (félédes)

Keverjük össze a lisztet, a sütőport, a szódabikarbónát és a kakaót. Belekeverjük a cukrot. Keverjük össze az olajat és a tejet, majd keverjük hozzá a száraz hozzávalókat, amíg sima nem lesz. Két kivajazott és kibélelt 20 cm-es tortaformába (formába) öntjük, és 180°C-ra előmelegített sütőben 40 perc alatt ruganyos tapintásúra sütjük. Hűtőrácsra öntjük.

A tejszínt kemény habbá verjük. Maradjon meg 30 ml/2 evőkanál, a többivel csomagolja össze a süteményeket. Olvasszuk fel a csokoládét és a tejszínt egy hőálló edényben, amelyet egy serpenyőben forrásban lévő víz fölé helyezünk. Ráöntjük a tortára és hagyjuk dermedni.

Szentjánoskenyér-diótorta

Egy 18cm/7

175 g/6 oz/¾ csésze vaj vagy margarin, lágyítva

100 g/4 uncia/½ csésze puha barna cukor

4 tojás, szétválasztva

75 g/3 uncia/¾ csésze sima liszt (univerzális)

25 g/1 uncia/¼ csésze szentjánoskenyér por

Egy csipet só

1 narancs finomra reszelt héja és leve

175 g/6 uncia szentjánoskenyér rudak

100 g/4 oz/1 csésze apróra vágott vegyes dió

Verje fel a 100 g vajat vagy margarint a cukorral világos és habosra. Fokozatosan felverjük a tojássárgáját, majd hozzákeverjük a lisztet, a szentjánoskenyérport, a sót, a narancshéjat és a 15 ml/1 evőkanál narancslevet. Öntse a keveréket két kivajazott és bélelt 18 cm-es tortaformába (formákba), és előmelegített sütőben 180°C-on 20 perc alatt, amíg rugalmas tapintású lesz. Kivesszük a formákból és hagyjuk kihűlni.

Olvasszuk fel a szentjánoskenyérét a maradék narancslével egy hőálló edényben, amelyet egy serpenyőben forró víz fölé állítunk. Levesszük a tűzről, és belekeverjük a maradék vajat vagy margarint. Hagyjuk kissé hűlni, időnként megkeverjük. A kihűlt süteményeket szendvicsen keverjük össze a cukormáz felével, a többit kenjük a felületére. Villával mintázzuk be, és szórjuk meg dióval a díszítéshez.

Szentjánoskenyér karácsonyi tekercs

20 cm-es tekercshez

3 nagy tojás

100 g/4 uncia/1/3 csésze tiszta méz

75 g/3 oz/¾ csésze teljes kiőrlésű liszt (teljes kiőrlésű)

25 g/1 uncia/¼ csésze szentjánoskenyér por

20 ml/4 teáskanál forró víz

A töltelékhez:

175 g/6 uncia/¾ csésze krémsajt

Néhány csepp vanília esszencia (kivonat)

5 ml/1 teáskanál kávébab, kevés forró vízben feloldva

30 ml/2 evőkanál tiszta méz

15 ml/1 evőkanál szentjánoskenyér por

A tojásokat és a mézet kemény habbá verjük. Hozzákeverjük a lisztet és a szentjánoskenyérbabot, majd a forró vizet. Zsírozott és kibélelt 30 x 20 cm-es svájci tekercsformába (zseléformába) öntjük, és előmelegített sütőben 220 °C-on, 7-es gázjelzéssel 15 percig sütjük, amíg rugalmas tapintású nem lesz. Vágja ki a formát egy viaszos (viaszos) papírra, és vágja le a széleit. A rövidebbik oldalától a papír segítségével feltekerjük, és hagyjuk kihűlni.

A töltelék elkészítéséhez keverje össze az összes hozzávalót. Tekerjük ki a tortát és távolítsuk el a papírt. A töltelék felét a tortára kenjük, majdnem a széléig, majd újra feltekerjük. A maradék tölteléket elkenjük a felületen, és egy villa ágaival kéregmintát vágunk.

Köménymag torta

Egy 18cm/7

225 g/8 oz/1 csésze vaj vagy margarin, lágyítva

225 g/8 uncia/1 csésze porcukor (szuperfinom)

4 tojás, szétválasztva

225 g/8 uncia/2 csésze magától kelő liszt (magától kelő)

25 g/1 uncia/¼ csésze köménymag

2,5 ml/½ teáskanál őrölt fahéj

2,5 ml/½ teáskanál reszelt szerecsendió

A vajat vagy a margarint és a cukrot habosra és könnyű habbá verjük. A tojások sárgáját verjük fel, és adjuk hozzá a masszához, majd keverjük hozzá a lisztet, a magvakat és a fűszereket. A tojásfehérjét verjük kemény habbá, majd keverjük a masszához. Öntsük a keveréket egy kivajazott és lisztezett 18 cm-es tortaformába (sütőformába), és süssük előmelegített sütőben 180 °C-on 1 órán át, amíg a közepébe szúrt fogpiszkáló tisztán ki nem jön.

Mandulás rizs torta

20 cm-es tortát készít

225 g/8 oz/1 csésze vaj vagy margarin, lágyítva

225 g/8 uncia/1 csésze porcukor (szuperfinom)

3 tojás, felvert

100 g/4 uncia/1 csésze liszt (minden célra)

75 g/3 uncia/¾ csésze magától kelő liszt (magától kelő)

75 g/3 uncia/¾ csésze őrölt rizs

2,5 ml/½ teáskanál mandula esszencia (kivonat)

A vajat vagy a margarint és a cukrot habosra és könnyű habbá verjük. A tojásokat egyenként verjük fel. Hozzákeverjük a liszteket és az őrölt rizst, valamint a mandula eszenciát. Zsírozott és kibélelt 20 cm-es tortaformába (sütőformába) öntjük, és előmelegített sütőben 150°C/300°F/gáz jelzés 2-re 1¼ órán át, amíg ruganyos tapintású nem lesz. Hűtsük le a serpenyőben 10 percig, mielőtt rácsra bontjuk a teljes kihűléshez.

Írország torta

20 cm-es tortát készít

225 g/8 oz/1 csésze vaj vagy margarin, lágyítva

225 g/8 uncia/1 csésze puha barna cukor

2 tojás, enyhén felverve

350 g/12 uncia/3 csésze teljes kiőrlésű búzaliszt (teljes kiőrlésű)

10 ml/2 teáskanál sütőpor

5 ml/1 tk kevert fűszer (almás pite) őrölt

150 ml/¼ pt/2/3 csésze stout

175 g/6 uncia/1 csésze ribizli

175 g/6 uncia/1 csésze szultána (arany mazsola)

50 g/2 uncia/1/3 csésze mazsola

100 g/4 oz/1 csésze apróra vágott vegyes dió

1 nagy narancs reszelt héja

A vajat vagy a margarint és a cukrot habosra és könnyű habbá verjük. Fokozatosan beleütjük a tojásokat, minden hozzáadás után jól felverjük. A lisztet, a sütőport és a fűszereket összekeverjük, majd fokozatosan a krémbe keverjük a sötét sörrel felváltva, majd beledolgozzuk a gyümölcsöt, a diót és a narancshéjat. Kivajazott és kibélelt 20 cm-es tortaformába (formába) öntjük, és előmelegített sütőben 150°C/300°F/gázjelzés 2-re sütjük 2¼ órán keresztül, amíg a közepébe szúrt fogpiszkáló tisztán ki nem jön. Hagyja hűlni a serpenyőben 30 percig, majd fordítsa rácsra a teljes kihűléshez.

Battenburg torta

Egy 18cm/7

175 g/6 oz/¾ csésze vaj vagy margarin, lágyítva

175 g/6 uncia/¾ csésze porcukor (szuperfinom)

3 tojás, enyhén felverve

225 g/8 uncia/2 csésze magától kelő liszt (magától kelő)

Néhány csepp vanília esszencia (kivonat)

Néhány csepp málna esszencia (kivonat) A mázhoz (mázhoz):

15 ml/1 evőkanál málnalekvár (tartósított), átszitált (szűrt)

225g/8oz marcipán

Néhány glazé cseresznye (kandírozott)

A vajat vagy a margarint és a cukrot habosra keverjük. Fokozatosan felverjük a tojásokat, majd hozzáadjuk a lisztet és a vanília esszenciát. A keveréket kettéosztjuk, és az egyik felébe belekeverjük a málnaesszenciát. Kivajazunk és kibéleltünk egy 18 cm/7-es négyzet alakú tortaformát, majd kettéosztjuk a formát úgy, hogy (viaszos) sütőpapírt hajtunk a forma közepére. Mindegyik keveréket öntsük a forma egyik felébe, és süssük előmelegített sütőben 180°C/350°F/gázjelzés 4-es hőmérsékleten körülbelül 50 percig, amíg rugalmas tapintású nem lesz. Hűtsük le rácson.

Vágja le a torta széleit, és vágja félbe mindegyik darabot hosszában. Az aljára rakjunk össze egy darab rózsaszínt és egy darab vaníliát, a tetejére pedig egy darab vaníliát és egy rózsaszínt, egy kis lekvárral rögzítsük őket. A torta külsejét megkenjük a maradék lekvárral. Nyújtsa ki a mandulapasztát körülbelül 18 x 38 cm-es téglalappá. Körbenyomkodjuk a torta külsejét, és levágjuk a széleit. A felületet mázas cseresznyével díszítjük.

www.ingramcontent.com/pod-product-compliance
Lightning Source LLC
Chambersburg PA
CBHW050346120526
44590CB00015B/1586